大是文化

人生的公式

인생 공식

人生跟數學一樣，有公式，用了公式就好解題，獲得幸福、愛與婚姻的解答。

50 萬本暢銷書《人生九段》作者
首爾訓誡所前教化委員
梁順子——著

插畫家、梁順子的女婿
朴鎔引——繪

陳宜慧——譯

《人生的公式》，是曾擔任首爾訓誡所的教化委員梁順子，
六十五歲時寫的暢銷書《人生九段》(인생 9단)的再版。
她二十年前留下的話語，至今仍能喚起人們深刻的共鳴。
本書插畫是由作者的二女婿——插畫家朴鎔引創作完成。

註：梁順子女士已於二〇一四年離世，朴鎔引先生則於二〇二三年因突發心臟病去世。

目錄

Part 2 擁抱愛的公式

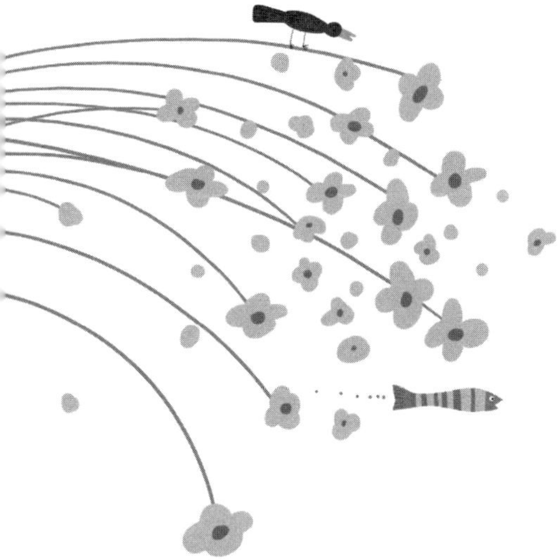

Part 3

美好婚姻的公式

推薦序一

充滿幸福感的人生智慧

《內在成就》系列作者、TMBA共同創辦人／愛瑞克

我對此書愛不釋手，深感共鳴，因為與我的親身經歷高度相似！

梁奶奶曾以社工的身分，協助許多困苦的人，也協助監獄受刑人進行諮詢，因而獲得過不少獎牌。後來，她跑到蘭芝島（난지도，曾是南韓最大垃圾掩埋場），把一生累積的獎牌埋進垃圾堆裡，藉此扔掉了讓自己「隱約想炫耀的煩惱」。

我去過不少偏鄉學校、慈善公益團體演講，也因而獲得許多獎牌、獎狀、紀念物，打算之後用紙箱裝起來，開車送到垃圾焚化廠去燒，將

來我離開人間到了天堂的門口，有這些「備審資料」，說不定比較容易過關。

我收過監獄受刑人因為讀了我的著作而主動寫信來感謝我，說他成為監獄內的閱讀推廣者，後來，有幾位愛書人一起，把我的著作捐到全臺灣多個監獄。

我也曾多次發起幫助貧困家庭的活動，親眼見過梁奶奶書中所提到的那些充滿感恩的眼神。她說：「我為他們帶來的幸福，會翻好幾倍後再回到我的身上。」她指的不是人生最後的審判，而是我們為他人付出時，享受了過程所帶來的幸福感。漢代知名政論家賈誼曾說：「愛出者愛返，福往者福來。」付出愛的人總是獲得最多愛，因為陪伴是雙向的。

此書除了給我滿滿的感動，更多了人際關係公式、家人關係公式等實用建議，從梁奶奶充滿智慧的話語中娓娓道來，光讀這本書就讓我很有幸福感！

推薦序二

傷痕是契機，鍛鍊出人生

「嫺人的好日子」粉專版主／嫺人

一九四〇年生的作者梁順子奶奶，在二〇一四年就過世了，從現在的角度來看，十分佩服她在二十年前就擁有如此先進、獨立的觀念，在那個年代勇敢脫離不適合的婚姻，鼓勵「一個人也要玩得好」。梁奶奶曾為死刑犯提供諮詢三十年，書中用親身經歷的故事歸納出「人生公式」，引導讀者思考如何看待人生，非常真摯、觸動人心。

以下和讀者們分享我對書中幾個有趣觀點的看法。

首先是「別期待不會遇到困難」，平常就要做好「我也會發生不好

的事，只是現在還沒輪到我」的心理準備（見第一部第二章）。這讓我回想起我的「被退休」經驗，在退休前一年尷尬的處境。我們不是不能對人生失望，但在難過後，換個角度看，人生也許是一衣兩穿，一面髒了，翻另一面還能穿。

接著是「不足是生活的動力」（見第一部第八章），在焦慮的時候，反過來想，有誰比你更了解對這件事的焦慮？好好研究這件事的本質，如同梁奶奶後來從事離婚諮詢，我也希望能用我的中年失業經驗，引導一些有類似處境的朋友走出困境。

最後是「成為離別達人」（見第一部第七章）。讀到這，慶幸我沒執著於過去的高薪和職位，如梁奶奶所說，**要練習一生中會有很多次別離**。

每個人都有來這個世界要做的，獨一無二的功課。該如何誠實面對自己的錯誤？如何看待別人的背叛？如果還在計較、擔心很多事，彷彿時間和命運會永遠為我們停留，建議可以向梁奶奶學習「傷痕其實是契機，鍛鍊出人生」的態度，過一個乾脆俐落的人生！

前言
人生太難，有公式就好解題

人只要活著，每天都會遇到新的煩惱，像是經濟問題、與家人朋友的關係等，大大小小比比皆是。這些問題可以說是我們人生的包袱，每天都有新的重擔落在我們肩上，如果沒有及時處理，問題就會堆積如山。這樣一來，人生的步伐必然變得沉重。大家常抱怨生活「為什麼會變成這樣」，都是因為這些重擔每日的累積。

只走一回的人生，不能過得太辛苦啊！那麼，該怎麼做呢？仔細想想可以發現，**每個人肩上的重擔各不相同，卻有許多相似之處**。例如，夫妻、朋友、職場上的衝突內容雖然都不一樣，但從人際關係的角度來看，也並非完全不同。換句話說，只要了解人際相處的原理，問題就能迎刃而解。

我將這些原理稱為「人生的公式」；「人生九段」[1]則是能夠活用這套公式的實踐者。

一定有人對「公式」這個詞反感，那麼，換個角度思考如何？一提到佛祖，我們通常會想到「慈悲」；說到耶穌會想到「愛」；孔子則讓人想到「德性」。這些透過「愛」、「慈悲」或「德性」讓生活變得輕鬆的原理，都可以稱為「人生的公式」。

對不喜歡公式的人來說，要稱這些原理為人生智慧也好，法則也可以，不論怎麼稱呼它們，**重要的是你能夠藉此變得更幸福**。

當然，其中有適度融入聖賢們說過的話，也有和他們意見不同之處。

大家可以把我的公式當作工具或廚具組合包。家裡有東西需要修理，或是要做飯給客人吃的時候，如果有合適的工具，執行起來不是更容易嗎？要拔釘子時只有槌子，要煮火鍋卻只有煮麵大小的鍋子，肯定會很吃力。

工具或廚具就是這樣的存在。雖然不像魔法，只要揮一揮魔杖就能解決所有問題，但必要時，**擁有合適的工具會比徒手更容易解決問題**。

我提出的公式不是讓大家伸出手就能解決問題的魔法，而是要請你動一動身心，透過適用的公式，梳開毛線般糾結的人生問題。也希望你在看到我的公式時，能感受到我的好意，這就像遇見了總是為你著想的鄰居奶奶一樣，她為你準備了一碗親手釀的甜酒釀，對你訴說著時而悲傷、時而好笑的老故事。

1 作者認為「人生十段」是聖人階段，而處在「少一階段」，也就是「人生九段」的自己，是能夠熟練且隨心所欲生活的人。

PART 1

抓住幸福的公式

即使是一輩子都不幸的人，
也該擁有一次幸福的時刻。
即使只有一下下，
也讓自己體驗一回幸福的感覺吧！
不用花很多錢和時間，
有時說不定只要一包餅乾，
就能為你帶來一輩子都忘不了的幸福時刻。

1 上了年紀該有的必備品

世上沒有能戰勝歲月的戰士吧？我們再怎麼維持健康、保養身體，都會長皺紋，視力會變差，頭髮會變稀疏，記憶力也會下降。二十多歲時能任意熬夜的體力，到了三十歲後就會慢慢下降，甚至開始出現疼痛。

這時我們會開始煩惱到底是要運動，還是該補充一些維他命。尤其是女性，結婚生子後，照鏡子時會猛然發現少女般的身材不翼而飛了，不知不覺間，少女變成了阿姨，難免讓人有些鬱悶。

「變老」這件事就像蛇一般讓人恐懼，但是歲月的流逝並不像蛇或水溝一樣能夠躲開，那是我們必然要經歷的過程。對於一定得經歷的事，我們要埋怨歲月，抱持著「希望自己能年輕個十歲或五歲」的想法生活下去嗎？如果希望能得到幸福，這樣的想法只會讓你離它越來越遠而已。

在這個章節，我想聊聊變老這件事。我想告訴大家，年紀大了也沒關係。

已經有許多人告訴過我們，年輕的好處和年老的壞處了，現在只要找出年輕的缺點和年老的優點就可以了吧？一提到年輕，我們往往會聯想到「如花一般燦爛」、「熱血沸騰」等印象，但除此之外，青春也讓人感到徬徨，很少有人年輕時不徬徨的。年輕就如半夜走在沒有道路的山林一般，什麼都看不清楚，一片混亂。**隨著年齡增長，我們會漸漸不再徬徨，也能慢慢釐清生命中的混亂之處**。

說到這裡，大家是否能理解年輕的缺點和年老的優點？**生理的眼睛隨著年紀增長變差，取而代之的是心靈之眼，也就是所謂的智慧、鑑別力，或人情世故，換句話說就是，我們「看世界的眼光變澄澈了」**。

年輕的時候如同身處迷霧之中，根本分不清方向，年紀大了之後，眼前的景象則會越來越清晰，情緒上的動搖也會越來越少。樹木亦是如此，只要刮點風，小樹就搖搖欲墜，但是大樹仍屹立不搖的站在那；人也是一樣，年輕時容易因為別人一句話、一個小動作，就覺得世界要崩解了、非常痛苦，但隨著年齡增長，這樣的事情會減少許多。

年紀大了就會發現，人生其實並沒有那麼混亂。雖然年老還有別的好處，但是我最喜歡的是智慧的生成，以及心靈的平靜。按照我的方式來說，就是掌握了「人生公式」。

智慧是擁有再多知識也很難生成的，一定要累積夠多的經驗。然而，如同世上沒有白吃的午餐，經驗的累積也不是免費的。**年輕時如果什麼都不做，將無法累積智慧**。有些年輕人會罵年長者只是空長歲數，這不是空穴來風，確實有些人配不上自己的年紀。這些人就只是老了，他們並不是成熟的「大人」，只是「老人」。唯有在年齡增長的過程中，好好消化並融合累積的經驗和知識，才能不斷變成熟。有些人就是沒能做到這一點，才會成為固執貪婪的老人。

現在大家了解「上了年紀也沒關係」這句話的真正涵義了吧！這句話並不是說年紀變大就沒事了，而是「上了年紀也要過得很好」。

變老的另一個好處，則是能享受「秋收」的樂趣。我的年紀已經到了人生中的秋天，而且是深秋，秋天就是收穫的季節。

種下什麼因就會收獲什麼果；而種下真心，就能收獲真心。我從年輕時就開始做志工，抱著「該怎麼做才能讓別人更幸福」的心態去幫助大家。不僅是住在附近的人，我幫助的對象遍及全國、甚至有外國人。某次我收到一封從以色列寄來的信，信中寫到因為我才能有機會在更好的環境學習。因為幫助以色列人已經是很久以前的事，我記的不是很清楚，大概是為他捐助過一點學費吧。

即使對方不寫信來向我道謝，只要三不五時能聽到他過得好的消息，那也是一種快樂。當時沒有算計的小小照顧，得到了「對方過得好」做為報酬，真可說是雙贏的生意。

請大家想想，自己是否要處在「過了六十歲，仍徘徊在迷霧中」的狀態。人在年輕時可以精力充沛的到處亂跑，但是老了就做不到了，而且可能隨時會被年輕人批評是年齡徒增的老頭。

我把智慧放在第一位，並不代表你也一定要這樣做。然而，不論是放在第二名還是第十名，這都是上了年紀的必備品。唯有帶上這個必備品，年輕人才會在看到你之後說：「啊！希望老了之後也能像他一樣。」這句話的意思，就像我們小學時在作文寫下未來的夢想一樣，在年齡增長方面，你將成為年輕人的榜樣。

既然都要變老，不論是為了自己還是年輕人，展現出「帶著希望變老的樣子」不是更好嗎？

請大家記得，就像你現在看到六十多歲的「成人」時，會把他們看作是自己希望的模樣；比你小許多的人看到你，也可能會認為你是他們的未來想要的樣子。

穿上新買的皮鞋，
難免會有點不舒服，
有時還會磨傷腳後跟。
所以要好好的穿，
走一陣子才會覺得舒適。
若是隨便穿的話，
鞋子很快就會壞掉了。
變老也一樣，
好好變老，
心裡才會越來越平靜。

2 別期待困難不會發生

最近的經濟很不景氣，大家都說日子不太好過。你呢？生活還過得去嗎？世事十之八九都挺累人的，對吧？

經濟不景氣本來就是個難解的問題，日夜都要為了財務煩惱是非常辛苦的事。但是，在經濟沒這麼糟糕時，你的狀態又如何呢？那時候大家真的過得比較開心嗎？雖然我不清楚你的生活中發生過什麼大事，但肯定有遇到過困難。要麼是因為受傷而住院，要麼可能家裡有人生病，或是和心愛的人分手了，抑或突然有大筆開銷，這些都讓事情無法按照我們的計畫進行。

因此我想說的是，**過去很辛苦，現在也發生著困難的事，那麼未來**

肯定也有麻煩與挑戰等著你。讀到這裡，請你回頭看看本章的標題，標題是「別期待困難不會發生」，對吧？為什麼我希望你們不要抱有這樣的期待？那是因為我六十五歲時回顧自己的一生，有事的日子比沒有困難的日子多。大家也問問身邊的長輩吧，答案應該和我一樣。雖然我不是沒有經歷過好日子，但是用天秤來衡量的話，不好的日子更多。

這是我二女兒上小學四年級時發生的事，已經是二十年前的事了。我當時不在家，女兒一個人回家打開家門的瞬間，有小偷一起跟了進來。小偷可能早就埋伏，看到孩子自己一個人開門，覺得家裡沒人才尾隨進來。聽女兒的說法，小偷看起來像是高中生。

遇到這種情況，就連大人都會嚇得尖叫，但是女兒卻鎮定的說：「大哥哥，你是誰？」在那一瞬間，小偷變成了「大哥哥」。如果是一般情況，對方應該會反駁：「誰是妳哥哥！」但他是進來偷東西的，所以一時也慌了，小學四年級的孩子叫自己哥哥，讓他有些口吃，不知道該如何回答。這時女兒說出附近高中的名字，問小偷是否在那間學校念書，對方回答「是」。本來是為了偷東西溜進來，突然變成了「在某高中念書的大哥哥」，對話就這樣展開了。

「大哥哥，你為什麼來我家？」

「嗯？因為肚子餓。」

「喔，是嗎？那你去廚房找你想吃的吧！但是大哥哥，我現在很害怕，所以我會躲在我的房間裡。」

女兒就這樣進了自己的房間。沒過多久，念國一的大女兒回來，麵包吃到一半的小偷就匆匆忙忙的跑了出去。

真是一個傻裡傻氣的小偷對吧？但這個小偷是真的傻嗎？不是的，後來我們才發現，小偷離開時太急了，沒把自己的東西帶走，他和女兒聊天時好像悄悄把東西放在鞋櫃裡，我們打開一看發現居然有刀、扳手等凶器。這是一個隨時都有可能變成強盜的孩子。

多年來我秉持著教化和輔導的理念進出觀護所，我很清楚那些孩子是以什麼心情持械進門。那幫傢伙異口同聲表示，他們拿凶器並不是想傷人，而是在受害者想報警或不給錢時嚇唬用的。我不知道比喻成護身符貼不貼切，雖然有些人會照著計畫走，但是大部分的意外都是偶然發生的。

看到這裡的你也許會想：「四年級的孩子面對那種情況毫不慌張，把小偷變成大哥哥，她肯定不是一般的孩子吧！」或者認為：「哎呀，這是在說謊吧。」很可惜，這兩種想法都錯了。

我女兒雖然有開朗大膽的一面，但是沒那麼厲害，她之所以能擺脫危機，是因為我平時訓練有素。

我總是跟她說：「有小偷闖進家裡時，千萬別先想報警，也別大聲嚷嚷，就讓他們拿走想拿的東西，然後說妳很害怕，回妳的房間。」我是這樣訓練她們的。

女兒口中突然叫出的「大哥哥」這個詞，也是因為我總是告訴她，不管是送炸醬麵來的外送員，還是來幫忙修東西的工人，如果年紀不是很大，就不要叫他們叔叔，要叫「哥哥」。因為這麼做可能可以激起對方的憐憫。

小偷也好，意外也好，隨時都可能找上我們。報紙和新聞中沒有一天毫無意外，總是有交通意外死傷了多少人，火災燒毀了好幾戶人家，或是某個人因為一點小事就殺死了別人。儘管那看似都是別人的事，但意外就是會一直發生。

現在，大家肯定能理解我為什麼要說小偷的故事了吧！人在遇到壞事時都會說：「唉，真倒楣！」但事實並非如此。這不是你倒楣，只是理所當然的事發生了。**這些每天都會發生在某人身上的事，你卻以為能躲開，多麼荒謬啊？這就和別人都花錢搭地鐵，你卻想一個人免費乘坐的心態一樣。**

即使事情發生的當下我們一定心情不好，也可能會驚慌失措，但**還是要接受，對自己說：「也發生在我身上了。」並且好好應對這個困難。**要養成這樣的心態，平時帶著「我也會發生不好的事，只是現在還沒輪到我」的心態生活，並且在別人發生困難時，思考自己要如何應對，提前制定好計畫。

老是抱怨自己為什麼會遇到倒楣事沒有用。總是站在家門前嚷嚷「霉運別來我家」的人，可能招來更多的困難，無論是意外或疾病。

例如感冒了，和病菌說：「我討厭你，滾出去！」這有用嗎？盡快承認自己生病了並調養身體，才是解決之道。

我們的心門，不要只對好事敞開，也要以開放的態度面對困難，才不會讓困難折磨自己。如果能坦然接受這一點並好好自我安慰，就能過上舒坦的日子。

許多人都是抱著能夠中獎的期待買彩券吧？
但是中獎的機率比被閃電擊中還低，
怎麼辦？
儘管如此，因為每次都有人中大獎，
所以仍有許多人抱著「會輪到自己」的心態繼續買。

生活的困難不像樂透開獎，不是每週，
而是每小時都可能發生，
若要計算機率，幾乎是百分之百了。
所以請不要抱怨或灰心，
要勇於接受並好好加油，
堂堂正正的面對那些困難吧！

3 一生至少要幸福一次

因為長期投身志工服務，我因此獲得成為公務員的機會。經朋友介紹，我到了靈巖郡[2]（영암군）的社會福利科工作，幫助孤寡老人和青少年。

其中一個我幫助的家庭，是智力障礙的單親媽媽帶著兩個女兒。孩子的父親去世得早，原本還有另一個女兒，但在溪邊玩耍時溺水身故了。我每週都會去照顧她們一次。

後來我開始思考，該如何讓這些辛苦的人感受一下幸福，剛好那時

2 韓國全羅南道西部的一個郡，位於靈巖半島，西臨黃海。

中秋節快到了，我決定讓那天成為她們的幸福日子，並開始思考要送什麼禮物好。

中秋節前夕，我帶著兩個小女孩去了澡堂，讓她們有機會把身體洗乾淨，換上新衣服，接著帶她們和媽媽一起去逛當地的超市。

我在超市門口告訴她們，請盡情挑選想要的東西，我希望用這種方式讓她們覺得幸福。

一聽到我這麼說，孩子們非常興奮。她們每天只能拿到別人援助的物品，現在居然能買自己想要的東西，這該有多開心啊！

她們拿著兩個籃子，挑了各式各樣的商品，但是湊一湊還不到幾萬韓元（一萬韓元約等於新臺幣兩百三十五元），所以我又塞了些進去，請她們再多買一點。

我們就這樣買了許多餅乾、香油、水果、飲料、食用油等，結帳後一共裝了三大袋。我把這些東西放上車時，精神障礙的媽媽，以及分別才小學一、二年級、還不太會表達的兩個小女孩看我的眼神，就像在訴說今天是她們這輩子第一次感受到幸福。

去年我有事前往靈巖郡，順道拜訪了那位媽媽，儘管距離上次見面已經是九年前的事了，她居然還認得我。

也許有人會覺得，我是不是一時興起才送她們禮物？不是那樣的。我當時想著，就算要花光一個月的薪資也要讓她們幸福，甚至超過一個月薪資的話，我也會去銀行領錢。

我認為，生而為人，一生至少要幸福一次。我希望她們能感受到，即使生活在不幸中，哪怕只有一次或一瞬間，也可以擁有幸福的時刻。

同樣的，發生在金成萬（김성만）兄妹身上的故事也是如此。

四十年前，也就是黑暗的軍事獨裁時期，發生了「留學生間諜案」。當年在美國留學的成萬，因為牽扯到這個案子而被判處死刑。無論犯了什麼大罪，成為死刑犯都會感到委屈和氣憤，尤其這個罪名是被捏造出來的，可想而知成萬的心情會是如何。

我第一次見到成萬是他在首爾拘留所，每天焦急等待行刑日的時候。因為執行死刑的日子尚未訂定，所以他無法得知自己什麼時候會死。獄卒甚至可能謊稱有人來探視，就直接將犯人帶去刑場，也因此他過得一天比一天心急。

此時在美國念書的妹妹來探視他。因為無法一直待在國內，所以是抱著「見哥哥最後一面」的心情而來。但是令人失望的是，探視時間最多只有十五分鐘，再加上探視就如同大家在電影裡常見的那樣，被鐵窗和玻璃板隔開，兄妹只能隔著板子看著彼此的臉，連手都沒辦法握到。最後一次的會面只能這樣結束，太荒唐了，我實在看不下去。

因此我深思熟慮後擬定了計畫。當時我正以「四季傳教會」會員身分協助被關押的犯人諮詢，所以我計畫將成萬的妹妹偽裝成我們的會員，偷偷帶進去。

首先，要幫妹妹裝扮其實不太容易，因為她比一般傳教會的會員小了十歲，所以要想辦法讓她看起來老一些才不會被懷疑。妹妹是短髮，又有娃娃臉，一眼就看得出非常年輕，所以我費了九牛二虎之力才順利完成喬裝。

我牽著妹妹的手，從監獄入口走向諮詢室的那天，感覺這條路特別漫長，我們兩人的手都流著汗，心也撲通的狂跳。

當時我心裡想的不是「不能被發現」，而是被發現後要受的刑罰。然而，就算失敗被判刑，我也要試一試。這是為了被冤枉判處死刑的哥哥，以及想見到哥哥最後一面而飛了十一個小時的妹妹，讓他們兄妹能最後一次握到彼此的手。

不知道獄警們是真的不知道，還是通融了我們，這次行動沒有被識破。多虧這個計畫，探視的時間從十五分鐘延長到了一個半小時。後來隨著局勢的變遷，成萬被減刑為無期徒刑，並在時隔十三年又兩個月後，於光復節（광복절，為韓國國慶日，於每年八月十五日慶祝）被特赦釋放。現在他已結婚生子，過著正常的生活。

儘管我們希望過得幸福，卻也難以避免痛苦的事發生。因此，只要能做到，**哪怕仍身處痛苦之中，也要給自己一次幸福的機會。**我帶著出生以來沒能隨心所欲吃東西的人到超市盡情購物，或是讓無辜成為死刑犯的人握到妹妹的手，便是希望他們因此獲得幸福。

為什麼我要做那些事？這是為了我的幸福，因為我為他們帶來的幸福，會翻好幾倍後再回到自己身上。

即使是一輩子都不幸的人，
也必須擁有一次幸福的時刻。
就算只有一下下，
也讓自己體驗一回幸福的感覺吧！
不用花很多錢和時間，
有時說不定只要一包餅乾，
就能為你帶來一輩子都忘不了的幸福時刻。

4「你今天遇到對的人了！」

「你今天遇到對的人了。」

遇到第一次見面的人，我都會以這句話開場打招呼。然後每個人都會用驚訝的表情看著我。接著，我會告訴他們：

「你今天運氣真不錯，遇到了一個不會為你帶來傷害，還想著怎麼對你好的人，這不就是遇到對的人了嗎？」

接下來，我想談談關於我諮詢室裡那把椅子的故事。

二〇〇四年我開了一間諮詢室，當時買了幾件家具，除了其中一張椅子，大部分都不算太貴。那張椅子一看就知道是好東西，幾乎前來祝賀開業的人看到後都會搖頭，質疑為何需要用到這麼好的椅子？尤其我平時對貴的東西不感興趣，所以大家就更好奇了。

我的回答是：「這椅子是要給來諮詢的人坐的。」

這椅子是我準備的一點心意，好讓前來諮詢的人可以安心聊天。雖然也許幫不上太大的忙，但我想至少可以讓大家在舒服的椅子上好好休息一會。

我向第一次見面的人這樣打招呼，也是出於一樣的心情。我希望自己就像這張椅子一樣，給人舒適的感覺。為了開設諮詢室，我寄送了邀請函給至今為止一直有交情的人，它的內容大概是這樣的：

用清潔劑洗過抹布，再用清水煮一次。在我活了六十多年的生命裡，每天都在經歷丟棄、擦拭，以及重新站起來的過程。現在的我，擁有的時間已經所剩無幾，因此想毫不吝嗇的將自己讓給需要我的人。所以我在那裡放了一張空椅子，讓坐著的人舒服。

真心期許那把椅子能為來見我的人帶來希望與勇氣。

人與人相聚又離別，哪怕只是一小會兒，如果能真心傾聽對方，讓他重新振作起來，好好生活下去，那該有多好？尤其傾聽其實也不是什麼難事，稍微下點功夫，人人都能做到。只要懷有這樣的心意，你就可以堂堂正正的對別人這麼說：「你今天遇到對的人了！」

讓我們放上一把空椅子，
令拜訪的人坐得舒服。
希望帶著煩惱而來的訪客，
能從椅子上獲得希望，
與重新站起來的勇氣。

5 整理的藝術

幾乎每位初次造訪我家（兼諮詢室）的人，都會為環境的整潔程度感到驚訝。有些調皮的人甚至會故意用手摸一下桌子底下，看看有沒有灰塵。

對我來說，每天打掃家裡的心情，就像半個月理一次頭髮的僧人們，是為了斬斷慾望、修練自己。也因為不知道什麼時候會離開人世，我就這樣持續打掃著，不顧煩惱和死亡，對此毫不忌諱。

「打掃」的意義不只是在於清掃灰塵，更是為了讓家裡「變乾淨」。為了做到這點，**我們必須把該扔掉的東西都扔掉，唯有丟掉不需要的物品，家裡才會真正變得乾淨。**如果家中每個角落都堆放著一年用不到幾次的東西，那就算不上是真正的整潔了。那麼，「整理」的意思又是什麼呢？那就是把所有東西都放在該放的地方。也就是說，如果家裡擺著不再使用的東西，那就是有東西放在不該放的位置了。

有句歌詞這樣寫著：「世上最美的風景，就是一切回歸原位的樣子。」所以從現在開始，我要傳授把家變成世上最美風景的祕訣。請大家好好看看我是怎麼扔東西的，並也跟著試試看。

先和大家分享我丟掉獎牌的事。因為過去曾幫助過罪犯和死刑犯諮詢，所以我得到了許多獎牌。它們現在都被扔在蘭芝島了。為什麼要丟掉？因為我之前看著那些獎牌總會暗自得意，有時甚至還會幻想，能在頒獎的地方再次接受掌聲與讚美。每當有人來訪，也會想拿出這些東西給他們看，所以都把它們好好收在抽屜裡。

因為不希望再收著這些令人不自在的東西，後來我把獎牌都包起來，扔到蘭芝島去了。那已經是多年前的事了，就這樣，我扔掉了一個讓自己「隱約想炫耀的煩惱」。

接下來我想教大家的，是丟衣服的技巧。衣服與獎牌的不同之處，就在於別人還是可以使用。

在扔衣服時，我會先在白紙上這樣寫：

「這件衣服已經洗過，是乾淨的。買下它已經是好幾年前的事了，但因為尺寸實在不合，所以請需要的人拿走吧。」

寫好後，我會把衣服和紙條整齊的放進透明塑膠袋裡，並放在警衛室旁邊的置物櫃裡。衣服往往一下子就不見了，大部分在一個小時內就會被拿走。那時我的心情就會非常好，因為衣服被需要的人拿走，衣櫃的空間也變大了。

請大家丟衣服時不要捲成一團亂扔，試試我這個方法吧！雖然這麼做有點麻煩，但只要嘗試過，相信你一定會高興得飄然起來，甚至即使我勸阻你下次不要再做，你也會繼續下去。

那麼，收到用不到的禮物時，又該怎麼辦？

如果別人送你的禮物已經成為負擔，請不用告訴送禮的人，直接做出決定吧。

我曾收到一箱柿餅，是在靈巖郡廳工作時認識的人送來的。這是他親自摘採、去皮、晾乾，製作而成，因此柿餅裡有著滿滿誠意。但是數量太多，我實在吃不完。因為這不僅很難處理，也不好丟掉，所以我突然有了這樣的想法。

我帶著那些柿餅去了一山湖水公園（일산호수공원，以下簡稱「湖水公園」），因為那裡偶爾會有人撿掉在地上的東西吃。若將柿餅給有需要的人，他吃得開心，我也減輕負擔，那該有多好！

「也可以送給女兒，讓她們和孫子、孫女一起吃啊，為什麼不這麼做呢？」

也許有人會這麼想吧？將東西分享給親近的人和鄰居當然很好，但是如果我們只照顧自己的家人、親友或認識的人，那不是太冷漠了嗎？再說了，若同樣的東西送給收到後會更高興的人，不是更好嗎？

不要的東西不能隨便亂扔，丟東西也需要技術和努力。請不要因為

覺得是垃圾就隨意扔掉，而是要盡心盡力的處理。

如何？你認同我說的話嗎？我每天都會整理收到的東西，這個要扔，那個要分給別人，其他的要留下。因為每天都這樣整理，所以我家裡沒有堆垃圾的空間。你問我怎麼有辦法每天都這麼做？那是因為我已經是人生九段了。

如果大家想提高人生段位，請經常練習丟東西。我保證，你至少會比現在高上兩個段位。如果大家都能把不用的東西從家裡搬出去，埋在裡頭的憂慮也會被扔掉，那多好啊！

有意識的打掃和整理，
用心的丟東西，
那麼你生活的地方，
就會變成「世上最美的風景」。

6 孩子還是大人，都要懂「玩」

在我們小的時候，大人們常會說「好好的玩」。「好好的玩」這句話是湖南地區（호남지방，位於朝鮮半島西南部）的方言，不知道有沒有其他地方的人會這樣說。

大人們沒給什麼特別的玩具，隨意放任孩子們自己玩，所以孩子們只好抓著門把，或摸著桌腳玩。大人們看到這樣的孩子總會說：「哈哈！真是的，玩得真開心！」

為什麼我會提到「好好的玩」呢？我想告訴大家，有些孩子不用大人教就會慢慢的玩、好好的玩；有些孩子不論給他玩具或零食，還是會哭鬧不休，讓自己和照顧者都感到疲累。事實上，只有「好好的玩」才能讓自己與身邊的人都過得舒服。

我在靈巖郡住了三年，剛開始常去首爾，過了一年後就沒怎麼往那邊去了。不去首爾時，我都會一個人在鄉下晃來晃去，去田埂玩，順便看一些田間的東西。

就像這樣，如果想成為一個獨立的人，就要能夠一個人好好的玩。不是有個電視節目叫做《一個人也要過得好》（혼자서도 잘해요）嗎？不僅是孩子，大人們也應該成為「一個人也能玩得好」的人。有些老人經常打電話給子女，抱怨自己很孤單且身體不適，並質問孩子為何不照顧他們。這樣不是很讓人頭疼嗎？孩子們勉強被叫去陪伴父母，心情是很痛苦的，所以即使來了也是氣鼓鼓的，那實在稱不上是陪伴。

這聽起來是一件小事，但其實是個非常嚴重的問題。最近報紙和電視節目都擔心著高齡社會到來，並指出國民的老年期將會變得越來越長。雖然我不太了解這個議題，但是我想自殺的老人可能會越來越多。無論是韓國還是其他國家，都已經有老人自殺的新聞，不是因為錢，而是受不了自己一個人太孤單。從統計數據來看，老年人自殺的最大原因是孤獨，接著才是疾病和錢。為什麼會這樣？我認為就是因為沒有練習自己一個人好好的玩。

聽說韓國人近期最大的煩惱就是養老，許多人都四十多歲了還為錢焦慮。既然社會趨勢如此，大家心裡當然不會踏實。韓國的經濟之所以無法復甦，也是因為國民對未來感到不安，對養老感到焦慮，所以不敢掏腰包。當然，準備養老很重要，但是只有錢不一定能防老。練習一個人好好的玩，也是很重要的養老準備。

某天女婿打電話來問候：「丈母娘，妳要常來玩啊！」那時候我就和他說了自己「一個人好好玩」的事。女婿說這個觀點很有趣，還說要和公司的員工們分享。我也是因為女婿在鄉下從事研究工作，只能在週末回家，才會告訴他這件事。

「你從現在開始也練習自己好好的玩吧！要是週末回家，老婆有事出門，也可以一個人在家好好的玩。你不在家時，老婆也要練習自己好好的過日子。夫妻能各自玩得開心，並且獨自過好日子，才能有和睦的家庭。不能總是打電話問對方去哪。」

年輕人也許會說：「我現在和大家一起玩，等上了年紀再自己玩也很好啊！」如果真能這麼隨心所欲，我何必要在這本書裡說明實踐的方法？一個人玩可不像說的那麼容易，這需要練習。

為了能一個人好好的玩，我做了許多研究。其實可以玩的東西驚人的多。雖然大家都有各自的愛好，還是讓我說說自己在玩些什麼吧！

我偶爾會買些感興趣的錄影帶回來，但不會馬上拿出來看，就這麼留著等以後慢慢欣賞。等到哪天身體不舒服，不能出門時，就看那些影片打發時間。

音樂也是我的喜好。還有湖水公園，那裡特別適合一個人去，我可以坐在玫瑰花叢裡靜靜欣賞風景。那種地方比起和朋友一起去，一個人去更好，因為有同伴的話，就會無法認真的看玫瑰，只會在旁邊聊天了。靜靜欣賞玫瑰時，我會感覺自己的腦中似乎也開滿了花，並能更清楚的整理腦中思緒。

即使情人沒有在廣告看板上刊登「我愛你」，一個人好好的獨處也能感受到愛；就算不和別人一起出門，一個人也能好好的玩；即使子女和另一半無法陪伴，我們也能照顧好自己。

前面我也說過，這件事說起來容易，但是很難輕易做到，必須研究再研究。唯有提前研究，以後才不會吃虧。別等到成為老人時，才覺得生活是件苦差事，並且每天問自己：「今天該做些什麼？」如果那時還要看著對生活充滿熱情的其他老人，這該有多難受。

所以請大家從現在就為「能一個人好好的玩」開始準備吧！**只有做好一個人也能幸福的準備，老了、進入了高齡社會，才不會感到孤單。**請大家謹記我的話。

還記得嗎？
小時候，
父母只要買了一個新玩具，
你就能玩上一整天，
用一個玩具去宇宙旅行，
並且守護地球，
憑藉想像力玩得很開心。
你現在一個人時在做什麼呢？
沒有必要感到無謂的孤獨，
因為你是和別人一起玩也很好，
獨自一人也能玩得很開心的人！

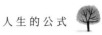

7 這個世界無處不離別

說到離別，大家是不是通常會先想到男女之間的分手？這確實也是離別的一種。但我想說的是，除此之外，**這個世界也充滿了各式各樣的離別**。離開家鄉是離別，扔掉用久壞掉的東西也是離別。對孩子來說，結婚則意味著和父母分別。我們總會離別後又聚首，直到迎來人生的最後——那就是死亡。這才是最大的離別。

死亡代表我們要離開數十年來洗漱、穿衣、餵食、保養的身體。無論哪一種，只要是給予情感後分開的情境，都是離別。因此，如果我們不能成為離別達人，人生就會很艱辛。

說到這裡，大家應該都能理解我的意思吧？那麼，如果想要成為離別達人，我們該怎麼做呢？這既無法透過培訓取得證照，也無法在學校學習。

大家覺得妨礙我們瀟灑離別的是什麼？是執著。我們就是因為執著而感到辛苦。擔任總統幾十年的人，是出於對權力的執著；不擇手段想成為國會議員的人，也是因為執著於這個位子。男女分手也是，雖然不能說分手時不剩一點愛情，但就是執著和愛情巧妙的混雜在一起，才會使得分手如此痛苦吧。

「離別太難了。」其實就算我不說，大家也是從小就聽到耳朵都長繭了。在這一章，我真正想探討的是「丟掉執念」的方法。

我之前不是會見死刑犯嗎？後來我才發現，其實每個人都是死刑犯。行刑的日期沒有定下來，所以犯人們無從得知自己何時會死。我們也一樣啊！說不定今天會死，又說不定是明天。每天都有許多人突然死去。我們總覺得交通意外或發生爆炸是別人的事，所以彷彿自己會永遠活下去一樣，無憂無慮的生活著。但是死刑犯可不會這麼做，他們每天都在極度緊張的狀態下意識死亡，這就是監獄裡死刑犯和監獄外死刑犯的差別。

我是監獄外的死刑犯，這麼多年和獄中的死刑犯走得很近，所以深入了解過他們的生活。這不是我某天「叮咚！」突然的醒悟，而是如同霧雨淋溼衣服般，一點一滴的過了大概十年，腦中出現的靈感。

「我隨時都有可能會死，所以我的字典裡沒有明天，當下即是全部。」

奇怪的是，這句話就像咒語似的，使我心中的留戀和慾望降低，也因此減少了執著。接著我就想，今天，不，只有這一刻，我不想留下任何遺憾了，如果心中還有許多後悔的事，那麼到死的那一刻，我該有多恨啊！也因此，我養成了隨時整理的習慣，因為不知道什麼時候會死，如果弄得亂七八糟的，不曉得死後會有多難看！

曾經聽聞許多人說：「如果那麼想放下執著，就去見死刑犯吧！」每當有人對我這麼說時，我都會以自己的經歷及找到的答案給對方建議。大家不需要有這樣的經驗就能得到醒悟，多好！這是我這個上了年紀的人先體驗後再告訴大家的。

然而，這並不意味著大家聽完這些，就能突然放棄執著。我剛才說過，自己是像霧雨淋溼了衣服般，點一滴醒悟的，所以大家聽了我的話之後別隨意扔掉它，請好好放在腦中，隨時拿出來想想，那麼用不了多久，大家也會有衣服溼透般的體悟。如果還是不行，就來找我吧！我會請你坐在那張好椅子上聊一聊。

你覺得妨礙我們成為離別達人、
瀟灑離去的是什麼呢？
是執著。
我們就是因為執著這個傢伙而痛苦的。

8 輪迴送給我們的禮物

相信大家應該都有過幾次這樣的經歷吧。明明是第一次去的地方，卻覺得非常眼熟，或是第一次見面的某個人，也感覺像是從前見過。

像這樣初次見面就如同已經經歷過，或覺得像在夢裡見過的感覺就稱為「既視感」（déjà vu）。如同大家所知，產生既視感的原因，可能是大腦錯覺或前世記憶。不知道是不是因為多數人相信的是學者們的主張，所以大家似乎傾向認為，既視感就是源於大腦的錯覺。然而這也只是猜測，並沒有確切的證據。

我相信的是輪迴。由於產生既視感的原因尚未被證明，所以我不太相信大腦錯覺這一說，無論別人相信的是什麼，我相信的是前世，這樣的信仰讓我看世界的眼光變得不同，也因此為生活帶來了幫助。

來談談我為何會相信輪迴，以及這對我帶來的幫助吧。

在我看來，輪迴的原理很簡單，就如同大家所知道的，只是反覆多次的經歷人生而已。然而，這不是無謂的反覆，而是為了變得完美所以重覆；因為只活一次做不到，所以只能再來一次。

人們經常說：「完美的結束了。」但這往往只是接近完美，並非真正的完美。人做事哪有十全十美的？不完美的人們，怎麼可能做什麼事都完美呢？

讓我在這裡稍微改變一下敘事的方向吧！我方才不是說，輪迴的存在是因為人不夠完美嗎？雖然不是這方面的大師，但是我認為不完美就是有不足之處的意思。不足通常包含了負面的意義，但在我看來，那是非常正面的一件事。我的意思是，不足會成為生活的動力，人們就是因為總會感到匱乏，並為了彌補而奮力行動。如果沒有前進的動機，人就和少了引擎的汽車沒什麼兩樣。

不知道自己有什麼要調整之處，或是真的完美無缺的人，人生還有什麼樂趣呢？因此，大家不要總是抱怨自己的不足，而要將它們都視為自己的能量來源。那樣生活才會更有動力。達賴喇嘛也這麼說：

「我不希望得到解脫，解脫意味著完美，完美等於零。所以我更喜歡輪迴，輪迴比什麼都沒有更有意思。」

也許這裡面有更深層的含義，但是這番話正符合我想表達的意思。我不想成為十段，也就是不希望成為完人，更不想解脫。雖然這也不是我想做就能做到的，但總之這樣的境界並不吸引我。

人活著要有開心和傷心的事才有意思，一旦進入完人的境界，意味著通曉一切，所以不再有高興和悲傷。人要能感受悲傷和快樂，生活才會過得有趣。

輪迴還送給我們一樣禮物，那就是使我們不那麼討厭人，而且擁有不論是什麼事都能迅速接受的力量。其實這股力量不是為了無條件接受錯誤的人事物，而是使我們盡快承認生活中的困難。

曾經我在婚姻裡過得很辛苦，所以最終選擇結束了關係。我曾抱怨過，為什麼自己和先生有共同的信仰，也十分努力的經營關係了，卻總是被搞得很累。上帝為何讓我認識這個男人，並經歷這麼多痛苦？我不只煩惱，也完全無法理解和接受。後來，我漸漸改變自己的信仰，接受了其他宗教的教義，也開始相信輪迴，所以看到了解決方法。

大家都聽過業力和前世吧？用這兩個觀點去理解，就像打開了一直纏繞的線團一樣，把問題都解開了。我理解到，原來是因為我前世的業力，才有這樣的緣分。為了下輩子，我現在必須做很多好事，累積多一點善業。

也許大家會認為我想得太簡單了，或是認為我在牽強附會。如果有人非要這麼想，我也勸不住，但是總比哭哭啼啼的說：「我的人生為什麼如此？為何別人總是欺負我？」要好得多。毒用的好，也能成為藥，反正沒有人真正知曉輪迴是否真實存在，接受對生活有幫助的想法，不是更好嗎？

　　當然，那些做壞事時說：「是因為那傢伙前世對我做了壞事，所以我才欺負他。」或是說：「反正我來生都要為這輩子犯的罪受罰，現在當然要先滿足自己的貪慾。」的人，都是把輪迴當成毒來使用。「人類可以透過善業決定未來。即使我們現在的苦難是過去的業障，也不必因此死心，反而要把此業當作不斷自覺且反省的契機。也就是說，正是因為有業，人才能變得善良。」

　　大家聽過哲學家金容沃（김용옥）老師吧？他的課有趣又吸引人，所說的這句話中，我特別喜歡這一句：「**因為有業，人才能變得善良。**」大家也許會覺得我不過是借用大師的話，但聽到這句話後，我覺得「檮杌」（도올，金容沃的筆名）這個雅號可不是叫假的。大家應該可以理解，為何我要告訴大家檮杌先生說的這句話吧？

　　請仔細思考我前面所說的：「好好用毒就能成為良藥。」刀也是一樣，強盜用的話會成為凶器，媽媽拿來用則能為家人做出美味料理。雖然有些東西處在難以分辨的灰色地帶，但是**生活經驗可使我們大概能辨**

別什麼是善、什麼是惡。因此，我們應該找出最容易選擇善良事物的工具，這個工具有時是輪迴，有時則是人生只有一次。

與其看著可憐的人，祈望他們下輩子會過上好日子，還不如換一個看世界的方式來幫助他們。因為那樣做心情就會特別好。我喜歡能感到幸福的任何東西，我想大家應該也是。

或許談到「輪迴和業力」的概念，
會讓你冒出「哪有這樣？」的想法，
然後打算把這個觀點忘了。
但輪迴觀可能也對你的生活有幫助，
或許能讓你因生活艱難而痛苦的心
稍微放鬆一點，
所以接受也不錯。

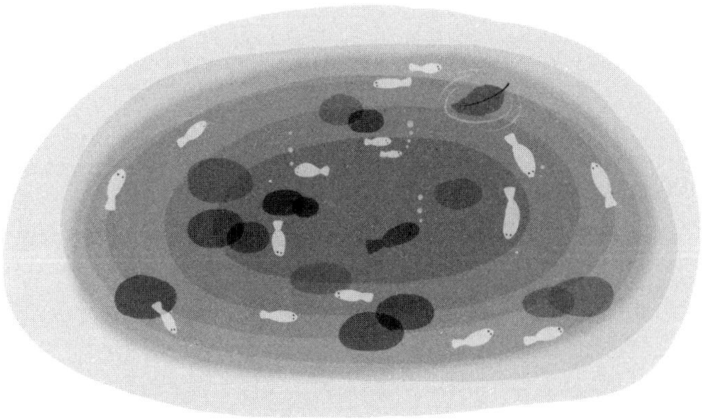

9 用遺書說出心中的掛念

你寫過遺書嗎？我想也許有人認為來日方長，寫什麼遺書。但說到遺書，我也算是前輩了。這四十年來，我每年的十二月三十一日都要更換一次遺書，這可不是件容易的事。

關於遺書的內容，我寫下了自己無法原諒的人、應該道歉的人，以及想表達感謝的人的故事。其實我第一次寫遺書時是真的想死。只交往過一個對象就結婚了，結果婚姻徹底破裂，我覺得自己看錯人了。我想把與先生、公公相關的婆家故事一五一十的寫出來，總之就是想說點什麼，所以開始寫遺書。

我本來想自殺，但是為了媽媽打消念頭。想到自己去世時媽媽的心情，就覺得不應該去死。當時我母親已經六十五歲，年紀很大了，所以我決定將自己的死亡延到媽媽去世之後。後來我有了大女兒，必須為她負責，所以還是不能死。我就是從那時候開始更換遺書內容。

已經忘記名字和臉孔的人對我說過的壞話；借錢不還的人；因為到了八歲還不太會說話，所以嘲笑我啞巴的人，以及中傷過自己的親友，我把記憶中的字字句句全寫了下來。就這樣持續記錄，然後練習在一年之內忘掉上面寫的東西，並原諒對方。有些人可以被原諒，剩下的我選擇忘記。當然，還是有無法原諒或忘記的傷痛，這些則可以繼續寫在隔年的遺書上。

遺書上只寫關於傷害自己的事嗎？當然不是，也有被我傷害過的人，以及留給我想感謝的老師和好友們的話。如果對那些傷害我的人說：「我在遺書中寫了你的故事，你應該乞求我的原諒。」肯定很可笑。而在面對想感謝或請求原諒的人時，我會親自去找他們求得原諒，或對他們說謝謝。

其中印象特別深刻的是，住我家附近小學同學的故事。那位朋友是窮人家的長女，因為要照顧弟妹和幫忙家務，所以經常沒來上課。由於她的家境不好，所以穿得也比較寒酸，常被同學輕視，用現在的話來說，就是被「孤立」。我媽經常讓我去她們家跑腿，送點衣服或吃的，但是我從沒想過要和她變親近。不知道是不是因為我常常送很多東西給她，所以這位朋友對我非常好，總是熱情的打招呼，還幫我拿書包。下雨天時為了不讓我的書包淋溼，甚至把我的書包放在自己的書包下面，頂在頭上走。

即使她對我那麼好，在她向我打招呼時，我也常常裝作不認識直接無視。因為擔心如果和她關係太好，別人也會看不起自己。

雖然忘了具體是哪一年，但在開始寫遺書大概十多年後，我在某年的十二月三十一日寫遺書時想起了她。我回想自己對對方所做的事，雖然已經過了四十年，我的臉還是羞愧得滾燙。所以我寫下來告訴自己要去請求她的原諒，否則會死得不安穩。

我向朋友打聽到她住在木浦[3]（목포시）外圍的海邊。我開了七個小時的高速公路，和兩小時的一般道路，總共九個小時的車，和她見了面並請求原諒，而她一看到我就哭個不停。她所受的苦和悽慘歲月都表現在臉上，現在已經五十多歲了，臉上的皺紋也變得好深。

好不容易等她止住眼淚，我坦誠自己當時真的太壞了，並請求她的原諒。然而朋友卻不在乎這些，對於我突然的拜訪，反而很驚訝也很開心。那天，我和四十多年沒見的朋友牽著手，一起在被窩裡睡了一夜。

大家都知道我怎麼寫遺書，以及寫完之後都做了些什麼吧？我們必須吐露心裡掛念的東西，因為如果牽掛太多，心情就會很沉重，生活很累，臨死之際也會很痛苦。如果你也想這樣寫遺書，可以跟著我做。

我的最後一版遺書是二〇〇三年寫的，二〇〇四年沒寫。我把四十年來掛心的事都寫在遺書上，並為了擺脫這些煩惱而行動，所以後來便不用再寫了。然而，我還是需要為了我的喪禮寫遺囑，希望安排好自己的後事再走。我平時都是口頭向女兒們交代，但她們還是不確定我死了之後該怎麼辦，所以只好留下文字給她們。而事實上，我要求的葬禮程序也非常簡單。

首先，我請女兒不要聯絡外人，只要兩個女兒、女婿、孫子、孫女及雙方親家參加就行。

大家來弔唁都會給奠儀，我們也不方便貼上謝絕禮金，然而若是收下，就變成欠大家錢了，而這些債終究還是要還的。而且說白了，既然我已經死了，那還收什麼錢啊！我不需要子女這樣盡孝。

3 是韓國全羅南道的一座港口城市，位於黃海沿岸。

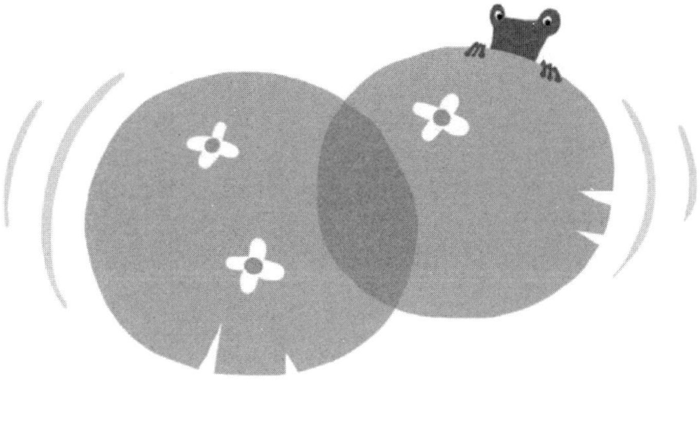

另外還有一個我不希望其他人來參加的理由。如果我去世了，朋友們當然會想來參加喪禮。雖然有人會一個人來，但是大部分的人都會聯絡其他人並約好一起參加，這麼一來就會有許多人在喪禮上痛哭：「梁順子死了，再也見不到面了！」

那樣哭有什麼用呢？我也聽不見。大家哭成一團就能讓我活過來和大家說句話嗎？此外，朋友肯定會在結束之後笑著一起喝茶。其實我也幻想過，有朋友為我的死傷心得一個月都吃不太下東西，但是我知道這不太可能，所以與其期待，不如安靜的走，這樣心裡舒服多了。因此，我請女兒在有人打電話來找我時，都回說「我請媽媽下次去問候你」就可以了。

另外，我希望死後的第二天就被火化，骨灰也不要撒在土裡，而是埋在深一點的地方。如果可以，我想葬在自己常去的自由路（자요로，又稱為七十七號國道）。祭祀當然也免了，我希望祭日那天女兒們能和她們的家人聚在一起，去自由路附近的普羅旺斯咖啡館看花，玩得開心

點。那時我就會在她們身邊。喔，差點漏掉一個重要的東西，我要從去世的那一刻起就播放音樂，直到下葬。因為我認為自己的靈魂可以隨著歌聲一起走。大女兒知道我喜歡的歌曲，所以她只要當ＤＪ就行了。

我還交代了，如果變成植物人，絕對不要使用氧氣罩，我把這個要求放在第一個事項裡，以防萬一。

另外還有一件事需要解決，那就是器官捐贈。之前因為覺得，不值得死後帶走身體，所以簽了捐贈同意書。但後來還是希望女兒們能在一天之內完成火化，死了就快點消失，總覺得在醫院待久了不好，所以希望子女們盡快處理。畢竟如果媽媽的屍體一直待在醫院，她們心裡也不會舒服吧！因此，我打算捐贈器官，而不是完整的大體。雖然我早就告訴過女兒們，但是還是想寫在遺書上，所以今年十二月三十一日又要改寫遺書了。

最後是想對女兒們說的話。我對孩子們說了謝謝。前面我也說過，我不認為自己有什麼需要被孝順的。感謝孩子也不是因為她們孝順，而是她們都做好了自己分內的事，並過好生活，讓我沒有牽掛。如果她們活得不成人樣，都流落街頭，那我怎麼有辦法安心的閉上眼睛呢？

我覺得，人總得把那些牽掛和執著全都吐露出來，才可以平順安心的死去。其實沒有多少人能安穩的去世，通常我們都會掛念孩子們。我的兩個女兒都過得很好，所以我不留戀，但是死的時候應該還是會難過，因為再也見不到她們了，在寫遺書的當下想到這點時也很難過。不過，其實在閉上眼睛之後就會忘記了。

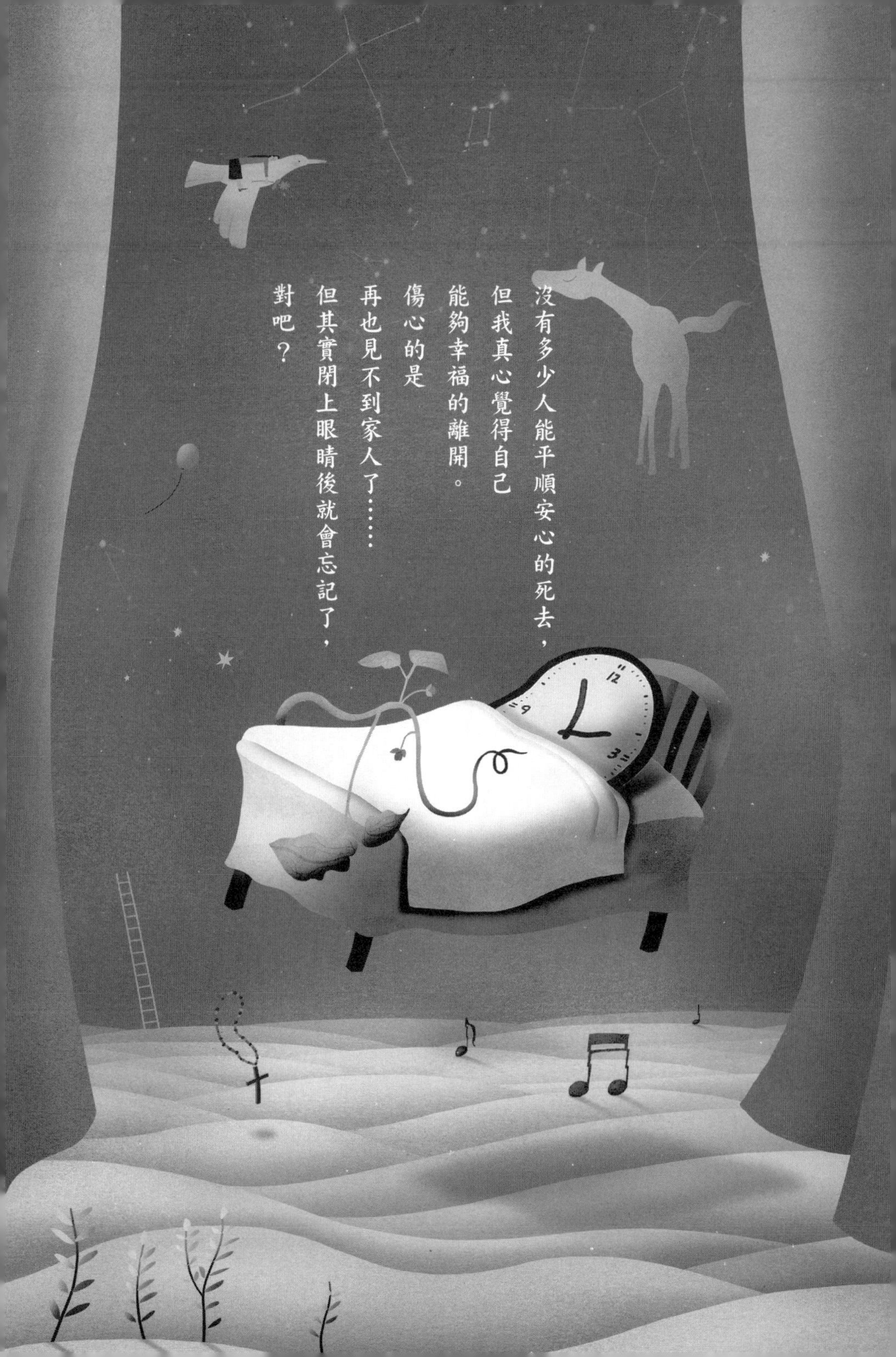

沒有多少人能平順安心的死去，
但我真心覺得自己
能夠幸福的離開。
傷心的是
再也見不到家人了……
但其實閉上眼睛後就會忘記了，
對吧？

PART 2

擁抱愛的公式

世上最悲傷的事之一，

莫過於呼喚所愛之人，卻沒有回應；

想給愛人買好吃的東西，帶他看美麗的風景，

但那個人卻已不在世上。

今天也許是能愛那個人的最後一天，

也可能是我被愛的最後一天。

所以不要再用任何藉口把愛的表達拖延到明天。

1 現在就打電話給心愛的人吧

我曾經遇過一位腳踏兩條船的女士，那位女士交往的其中一位對象外表不怎麼樣，兩人卻很談得來；另一位則比較無趣，互動起來有點悶，但是條件很好。這位女士覺得如果這兩個人能結合變成一個人就好了，但那是不可能的。

或許以她的角度來說，這很煩惱，但是在我看來，她其實只是在權衡利弊。

我請對方對自己有信心一點，並建議她安排這兩位對象見面，和他們說清楚自己腳踏兩條船的事，請他們要麼離開，要麼公平競爭。結果這位女士卻說：「我們的關係還沒有很認真，為何非得說出事實來傷害他們呢？」

嘴上說不想傷害別人，內心想的卻是不希望兩者皆失。我認為一個怕傷害他人的人，根本不會腳踏兩條船。我想就算之後關係變深了，那位女士也會選擇繼續隱瞞下去。

雖然我有點老了，但是身邊有一些年輕朋友，只要他們開始談戀愛，我都會無條件支持他們。有些人在還沒正式交往前都會評估損益，並因此猶豫不決。我總會對這些人這麼說：

「談戀愛總是會有很多擔心，煩惱自己會不會吃虧，或是能不能結婚。可是啊，年輕時的戀愛有太多算計不好。那些計算好的愛情就像調味過重的食物。如果從一開始就用那麼重的調味料讓舌頭麻痺，久了容易食不知味。反正結婚後總要追究彼此的過錯好幾百次，那麼需要現在把青春的大好時光用在計較上嗎？」

其實每個人都知道「不要邊算計邊談戀愛」，然而實際上許多人卻還是在交往的過程中，不知不覺論斤秤兩。那麼，我們究竟該怎麼辦？

我教大家一招，請大家仔細聽好。

請在戀愛時變成「像OK繃一樣」的人，只貼一次就撕下來扔掉，僅用一次就壽終正寢，不在談戀愛時寄望未來。不要覺得對方今天有點累，就冒出「所以明天要對他更好」，或是「明天一定要跟對方說我愛你」等想法。**因為我們能把握的只有當下，所以每時每刻都要盡心盡力，積極表現。**

有位心理學大師表示，人只有在脫去「惡衣」時，才會暴露出真面目。但是何謂惡衣？就是掩蓋自己真面目所需的社會身分和權威等。我們多少都披著這層外衣。然而，愛情給了我們脫掉邪惡外衣的勇氣與機會，展示真實的自己。我們願意給對方一顆真誠的心，讓對方看到我們真實的一面。

上了年紀結婚後的愛情，與年輕時的戀愛不同，我沒辦法說哪個比較好。年輕時的愛情比較沒有顧忌，年紀大的愛情則更加成熟。

別再拖延表達愛意的時間了，現在就打電話給心愛的人吧！不論是戀人、夫妻還是父母，想像自己是只能用一次的ＯＫ繃，打電話盡情表達愛意吧！

世上最悲傷的事之一，
莫過於呼喚所愛之人，
卻沒有回應；
想給愛人買好吃的東西，
帶他看美麗的風景，
但那個人卻已不在世上。

今天也許是能愛那個人的最後一天，
也可能是我被愛的最後一天。
所以不要再用任何藉口把愛的表達拖延到明天。
明天只存在想像之中，
沒有人能活在明天。
就算歲月流逝，我們也都只能活在今天啊！

2 愛情當然會變質

「愛情怎麼會變呢？」在二〇〇一年發行的《春逝》（봄날은 간다）這部電影中，劉智泰對李英愛說了這句臺詞。

這句臺詞在年輕人間也成了熱門話題，他們分成兩派相互爭辯，一派認為愛情怎麼可能會變，另一派則認定愛情必然會變。認同愛情不可能會變的這派主張，如果有變化，那原本就不是真正的愛情，甚至還有人因為這部電影和戀人吵架。這個主題真的很容易引起戀人間的爭執。

為什麼我會提起那麼久以前的電影？因為那時候的口水戰至今沒有結論。兩派都覺得彼此俗不可耐且不可理喻。雖然現在提這個有些晚了，但是我還是想當一下裁判。

我的想法是，**愛情當然會變**。世界上沒有能戰勝歲月的戰士，愛情當然也一樣，會隨著時間的流逝而改變。問題在於，愛情是會變得像過期食物一樣腐爛，還是如同黃豆變成大醬、醬油或清麴醬般，發酵成熟後變得更好吃。

愛情這種東西，如果能一直保持像剛開始在一起時，那樣怦然心動的感覺，乍看似乎很美好，但也是件累人的事。大家想想看，兩個人因為心動而結婚，一直過著甜蜜的生活，不要想太遠，就到五十歲好了，一直都維持著心動的感覺，這真的就是愛情嗎？感覺太不合理了。

愛情是人經營的，人都會變。當然每個人各有差異，那些總是追求新變化的人往往變得很快，但即使是不喜歡改變的人，也會產生緩慢的變化。老是質疑：「愛情怎麼會變？」然後臉紅脖子粗的爭論，只會讓嗓子疼。

就像我們無論吃什麼，如果老是吃同一樣東西總是會膩。天天讓我吃黃豆，哪能不拉肚子？炒著吃、做成黃豆粉撒在年糕上吃、製作成大醬抹在青辣椒上吃、煮湯吃等，**我們得用各種方式調味才不會吃膩，也才吃得久。**

人類不只是挑嘴，內心的感覺也容易膩。大家不用因此感到難過，我也不喜歡人類的這項特質，但是人的本性就是如此，我們得接受，並想想如何應對。

因此，我們不要只想著愛情會維持在最初的模樣，而是要思考如何為它調味。就像以黃花魚乾出名的靈光（영광군，位於朝鮮半島西南部的郡），其實根本捕不到黃花魚，卻因為味道調得好而聲名大噪。

童話中的主角，都是為了初戀拚命的白雪公主和白馬王子。當你的初戀對象有戀愛經驗時，介意對方的過去並嫉妒他前任的你，就像是白雪公主或白馬王子般天真。雖然我不知道為什麼童話中的愛情都是初戀，但是隨著年齡增長，這種幻想也該徹底消除了，抓著對方的過去，不只讓自己辛苦，對方也會很累。

愛情不光有甜味，也有苦味。然而，在只嘗到甜味時，就能認定這是愛嗎？反而嘗過苦味的人更了解愛情。如果你的對象不是第一次談戀愛，而你對於他的過去耿耿於懷，可以這麼告訴自己：你正在和非常有魅力的人交往，像他這麼好的人，誰會放過呢？

是真愛還是假愛，是初戀還是第二、第三次戀愛，都請不要計較了。與其花時間糾結這些，不如乾脆想想，今晚兩個人要吃什麼和玩什麼吧！因為那樣你的心情會更好，這也是愛情長久的祕訣。

愛情是人經營的，當然會變。
其實每個人都有差異，
那些總是追求新變化的人往往變得很快，
但即使是不喜歡改變的人，
也會慢慢產生變化。
如果你很天真的質疑：
「愛情怎麼會變？」
並且臉紅脖子粗的爭論，
那你只會說得嗓子疼。

3 靈魂也需要愛

你喜歡鬼片嗎？以前只要到了夏天，就會上映恐怖電影，近來卻不再遵循這項規則。我也不太清楚為何會變成這樣。如果好奇的話，你也許可以問問電影評論家。

外國恐怖片和韓國鬼片是有差異的。我偶爾會在電視上看到外國恐怖片，發現與韓國相比，不僅鬼的長相不同，嚇人的方式不一樣，最重要的是，劇中想傳達的主旨有著天壤之別。

那麼這個最大的差異究竟是什麼呢？我想大概是「恨」。西方的鬼傷害人多半沒有什麼理由，純粹就是變成魔鬼之後到處殺人，但是韓國的鬼都是因為怨恨而成為鬼。西方的鬼都挑好欺負的人來害，也可以用

銀色子彈或砍頭的方式消滅。然而，韓國的鬼沒有辦法消滅，只能將其送上天，方法就是傾聽並消除其冤情。《薔花紅蓮》（장화，홍련）也好，我曾蒙著被子看的《傳說的故鄉》（전설의 고향）也好，裡面的鬼都是披頭散髮、流著血出現，但是只要解開怨恨，就會打扮得乾乾淨淨，向解恨的人說聲再見，然後就升天了。

人死了，靈魂卻不能歸天，只能漂泊在世間的話，那就是鬼魂、冤魂，所以為了讓死者能順利去極樂世界，我們會為其做千渡齋（為亡者舉辦法事）。

無論如何，即使沒有特別冤情而死，也怕死者會有遺憾，所以多數家庭都會為死者做齋。而我認為，如果是無辜或意外死亡，一定要為其做千渡齋，否則這樣死去的靈魂會成為非常不好的能量，漂泊不定，也就是成為冤魂，那對活著的我們沒有好處。

我曾經猶豫要不要說這件事，但是最終還是希望把想說的話說清楚。我曾經做過兩次千渡齋，一次是為朴漢相[4]（박한상）的父母，一

次是為因柳永哲[5]（유영철）而犧牲的人。我想多數人都聽過柳永哲，但是朴漢相是很久以前的事件，知道的人應該不多了。約莫十年前，在美國留學的朴漢相殺害了自己的父母。我和對方談過後，為他父母做了千渡齋。他們被心愛的孩子奪去了自己的性命，那該有多恨啊！

我沒有親自與柳永哲面談。某天，監獄長打電話來說：「柳永哲經常引發自殺騷動，讓拘留所很辛苦，請老師至少寫封信給他吧！」雖然他要被處死了，大家可能會覺得自殘沒有什麼問題，但是法律有規定，如果死刑犯得了肺結核之類的病，必須治好了才能執行死刑。也就是說如果那個傢伙自殘的話，對獄警們來說是很麻煩的，他們可能會被追究責任。

4 一九九四年五月十九日，在美國留學的朴漢相因為賭博，不僅輸光了父母給他的留學費用，還虎視眈眈雙親超過一百億韓元的財產而殺害他們。

5 連環殺人犯，在二〇〇五年被宣判死刑。

然而，典獄長為什麼不是請我和他見面，而是寫信呢？因為我最近沒有協助死刑犯諮詢了。和死刑犯諮詢不是一件容易的事，這不是請對方去祈禱，再說點好話就行，而且一旦我開始諮詢，就會使出渾身解數，所以精力一下子就用盡了。因此我現在正在邊休息邊充電，這就是為什麼典獄長請我寫信。

我在為囚犯講課時不會說「你們是壞人，我是好人」，也不會對死刑犯們說「悔改就能上天堂」。因為我怎麼可能知道他們究竟能上天堂還是會下地獄，那是上天才會知道的事。我只是人，僅能做人可以做的事。我這樣告訴柳永哲：

「你做的事超越人類的界線，所以沒有人能安慰你，也沒有人能同情並原諒你。別再說自殺或自殘這些話，你連死活的自由都沒有。你給獄警們添麻煩，等於又犯了罪。」

接著我說，世界上沒有百分之百的好人，也沒有百分之百的壞人。每個人心裡都有善良的火種，找找看。就算你把良心的火種都燒了，也還不清你犯的罪，但是我還是要讓你解開這輩子犯下的罪惡，哪怕是一點點。

我這些話都不是用敬語寫的。因為是寫信，不能當面說出口，所以要全部寫清楚。面對面諮詢的時候我不會這樣。如同我前面說的，我只做人能做的事，這也讓我擺脫了對生活的執著。雖然不能全部拋開，但是只要能夠一點一滴的解開，我就能更舒服的走下去。我不是來送死刑犯們上天堂或去極樂世界，而是來聽他們說話。一小時的探視時間裡，我講話的時間還不到二十分鐘，祈禱和說教這些我都不做。

在監獄裡的人是很鬱悶的，活了那麼久累積的結，我們都必須慢慢解開。我寫給柳永哲的內容裡當然也有我的經驗。我聽了幾年犯人們的故事，多少感受到自己有一些變化。雖然我不知道受我諮詢的死刑犯們是否走得舒服，但是我希望自己能走得舒服一些。

因為寫信和回信的緣分，我幫助柳永哲的受害者做了千渡齋。雖然因柳永哲死去的人和我沒有任何關係，但是我還是覺得該由我來做。所以我想辦法取得了受害者名單，因為舉辦千渡齋必須有名字。

拿到名單後，我去了全羅南道（전라남도）的海南（해남）。那裡有一位特別用心做千渡齋的大師。

前一天，我開著車齡十五年的車七個小時，祈禱三個小時，真心安慰那些靈魂，第二天凌晨就舉辦千渡齋。做了幾個小時的千渡齋，燒了牌位，突然一陣風呼嘯而來。那陣風似乎是靈魂們最後一次表達憤怒。我心裡一直祈禱著：「別生氣了，去好的地方吧，都忘了，去好的地方吧。」就這樣完成了千渡齋，我的心裡踏實多了，不知是不是巧合，風也小了一些。

說不定有人覺得我是什麼都不懂的老婆婆，為了那些跟自己毫無關係的人，花自己的錢和時間幹什麼。其實我不是想做特別的事，只是做了自己想做的。

我希望大家思考一下我接下來要說的觀念。柳永哲確實是壞人，這些案件幾乎都是他的責任，但也不是只有他需要負責。

為什麼會有冤魂？就是因為活著的時候受了委屈。冤魂不是死後有仇，而是活著的時候，或是死的那一刻有恨，也因此這種案件的發生大家都有一點責任。冤死無法一筆勾消，但是個人的一個小小舉動，不論是好行為或壞行為，都可能會帶來很大的後果。

我想表達的是，死者需要愛，活著的人就更不用說了。愛這個東西不只情人或家人之間需要。**人不吃飯會肚子餓，沒有愛則會積怨。**這樣的怨恨若一點一滴累積，就有可能因為一件微不足道的事爆發出來。

有殺人案件是因為某個人怨恨另一個人公共電話用太久，也有人因為被瞪而打人。這些都是累積的怨恨太深，因為一根小稻草而爆發的例子。如果我不責怪他電話用太久，如果我不是盯著他，而是用溫暖的眼神看著他，死者和殺人犯的命運都會因此改變。

我不是要大家把每個人都當作家人或戀人一樣去愛。雖然能這樣很好，但是那是十段以上的完人才能做到，我們不必如此貪心。在餐廳服務生不小心灑了點湯時，你微笑面對；有人不小心踩了你的腳時，你也一笑置之，這就是愛。只要有一絲笑容，就能一點一點解開怨恨。

請不要小看這些小小的、只讓你有一點點感動的愛，讓這一點愛走向世界吧！那麼你的幸福指數就會比世界的幸福指數先上升。

用一抹笑容、
一句親切的話語、
一個溫暖的眼神，
哪怕只有一點點，
若能洗滌凝結在某人心中的怨恨，
你不覺得值得一試嗎？
即使影響力很小，
那也是愛啊！

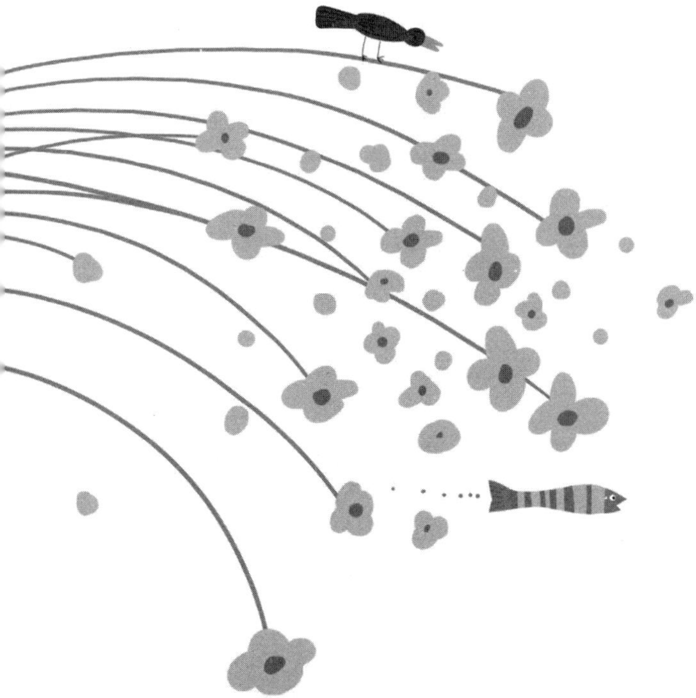

4 心被觸動了就行動！

開始在靈巖郡廳的工作後，我搬到靈巖生活，當時大概是夏末。有一天下班後，我載鄰座的女同事回家。那時有點晚了，從晚上開始下的雨也變大了。

因為是下雨的晚上，又行駛在不熟悉的鄉間小路，所以我一直小心翼翼握著方向盤前進。而在車開到一半時，遇到兩個人向我們揮手。仔細一看，都是穿著學校制服的男學生，他們連雨傘都沒有。我原本想停車，卻被女同事攔住了。

「如果他們是不良學生，讓他們搭車會出大事的，還是走吧。」

因為女同事感到不安，所以我也沒辦法，只能直接離開，但是我的心裡卻非常不舒服。那兩個孩子的家在哪裡，還要走多久才能到家？他們的父母們應該很擔心吧？這些想法接二連三湧上我的心頭。

能怎麼辦呢？在載同事回到她家之後，我沒有回自己家，而是循著原路回去找那兩個孩子。開著開著，我發現孩子們還在淋著雨走路。看來在那之後也沒有其他人停下車來載他們一程。

我接了孩子們後詢問他們的狀況，他們表示是為了買鞋去了木浦，結果沒趕上從犢川（독천）到康津（독천）的公車。我將學生各自送回家，看錶發現大概是十點左右。他們坐車回家只需要三十分鐘，步行卻要兩個小時，還好有開車去接他們。雖然我的身體因此有點疲累，回家的路上心裡卻很舒服。如果我因為疲倦而直接回家，會一直覺得心裡有疙瘩吧。

但是我的心情為什麼會如此舒爽呢？我想了想，難道是因為做了善事？這倒也沒錯，但是再更進一步思考，我想每個人至少都有過一、兩次幫助別人的經驗，這會讓我們感到舒爽和欣慰。

為什麼會有這種心情？我覺得是因為自己的心被觸動了。看到需要幫助的人卻沒伸出援手就離開，心裡會不踏實，是因為我們沒有按照心裡所想的去行動。**心情舒暢和欣慰，就是將這樣的觸動付諸實現後得到的禮物。**

試想一下，你正開著車在鄉間小路上行駛，這時遇到了老人。一般鄉下老人都是駝著背、腳微跛，小而蜷曲的身子拿著重物。在即將破碎如落葉般的身體上，背著重物一瘸一拐的走到公車站，或者為了節省車費直接走回家。

老人家的背影看起來又小又憔悴。那些容易被觸動的人不會視而不見。這樣的感覺就像是我們和被幫助者的橋梁，即使自己很忙，這件事又很麻煩，我們還是會停車接老人。

相反的，不會被這樣的情況觸動，以不為所動心態生活的人，只會

6 犢川位於木浦市。康津則是位於韓國全羅南道南部的另一個郡。

看著老人落魄的樣子。對他們來說，那些老人又窮又老，人生只剩下死亡，所以沒理由停車。即使想到要停車，又會想起急著要處理的事情，或者讓陌生人上車，萬一出了事怎麼辦。心因此而停止波動，也就是說，他們心中的觸動就會因此消失。

看到這些需要受幫助者卻直接離開的人，可能會說出這樣的話：

「如果我因為幫助他們而遭遇不幸，妳能負責嗎？」

「即使我幫了忙，受到幫助的人也不一定會感激，只是讓我自己感到疲倦罷了。」

雖然這些想法都不能說是錯的，但是大家換個角度想想看如何？如同多數人所擔心的，載陌生人可能會出問題。但是這樣想能讓我們得到什麼呢？反而想著對方有可能被我們的親切感動而放棄做壞事，豈不是更好？

再說，就算出事了，那也是對方的過錯，我們不應該檢討受害者。也有受到幫助卻不感激的人，但是我們一定要讓對方說謝謝嗎？被你載的農村老人是否感謝你，那不是你能決定的事。我們總不可能在對方下車後問他：「你很感謝我吧？」如同我不需要知道我載的學生們是否真的感激一樣，因為那是我自己的選擇。然而，如果他們能被這種小事觸動並有所感激，那麼以後也會願意以親切的態度對待他人，並提供協助。

仔細想想，感動的心最終也會與想像力相通。我們在想像好事時會敞開心扉，想著壞事則會緊閉心門。因此，我希望大家能多想著即使瑣碎也讓你感動的小事，或是想像因為這些小小的溫暖而更加溫柔、出現更多笑容的世界。人的心本就會越用越發達且柔韌，因此容易被觸動的人心會更有彈性，不願意被觸動的人心則會慢慢固化。

如果你看到遊樂場或路邊有玻璃碎片，
想到可能有人會因此受傷，
不要因為太忙、嫌麻煩就直接離開，
幫忙清一下吧！
如果垃圾桶很遠，
你也可以只清理一個角落。
那麼做，你的心情也會變舒坦。
所以心被觸動了就行動吧！

5　放下該對別人負責的傲慢

因為做過一段時間的志工活動，所以曾有人這樣問我：

「您一定天生就是個心地善良的人吧？」

他們認為只有天生仁慈的人才能做志工，而他們自己並非這樣的人，所以想做也做不到。有些問過這類問題的人，做了一、兩次志工就放棄了。我仔細揣摩這些人的心情，並思考為什麼他們會問這種問題。

我想，如果他們是那種打從根本就不想做好事的人，大概不會問出這種問題。我認為他們也是因為對志工活動感興趣，才對我說出了疑問。

另外，也有人會擔心，幫別人太多的忙自己是否會吃虧。

我想和這些人好好談談我的想法。俗話說，施捨的時候，不要讓左手知道右手做了什麼事，好使你能隱密的施捨。我在前一章也說過，幫助別人是自己的選擇，並不需要在意對方是否感激你。

大概有二十多年了，我當時主要在首爾拘留所為關押者們諮詢和講課，但是做著做著就覺得，自己有必要去更多地方幫忙，所以走遍了全國的監獄，也因此即使我不認識犯人們，有些犯人也認得我，甚至出獄後會來找我。諮詢關押者的人大部分是牧師或僧侶，但我既非牧師，也不是僧侶，不會要求他們信仰宗教，因此似乎讓他們比較沒有負擔。

出獄後來拜訪我的朋友之中，有個從光洲（광주）監獄出獄、姓朴的孩子。我雖然還記得他的名字，但是不能在這裡說出他的本名，因此就叫他朴某吧！他那時二十七歲，現在大概已經五十幾歲了。我見到朴某時，他穿著皺巴巴的夾克，似乎剛出獄。進監獄前他穿的夾克被原封不動的摺起來保管，出獄時才還給他。他坐了五年的牢，因此他穿著的是摺了五年的夾克，那摺痕該有多深啊。

他來找我可能是有需求，我怕他站在受幫助的立場上難以開口，所以主動問了他情況。我得知道他需要什麼，才能幫得上忙。

在自稱是志工的人當中，有些人只給自己想給的東西，這就像是給困在車中哭泣的孩子糖果，或是扔重物給落水的人。他們不僅不了解這麼做無法為他人帶來幫助，反而還因成就感沾沾自喜，向人興奮的炫耀自己做了什麼好事。

我仔細問了朴某，他表示自己有個哥哥，但五年來從沒探視過他，跟只有自己一個人沒什麼兩樣。我問他昨天睡在哪，他說睡在首爾站附近的旅館裡。話是這麼說，但是我想他應該露宿了。我再問他今天要睡哪，他也無法回答，如果放任著不管，今天可能又要露宿街頭了。

因為連飯都沒吃，所以我先弄了點吃的給朴某。在吃飯時，我問朴某坐牢前做什麼工作，他說是理髮師。我想，如果要解決吃飯和睡覺的問題，就必須協助他在理髮店就業。雖然在五年的坐牢期間沒碰過理髮相關的工作，但是怎麼想也只有這個辦法了。

我聽說想在理髮店就業，去找理髮工具店介紹是最快的，他們不僅

賣工具，也做人力仲介。朴某剛出獄時十分著急，所以聽說永登浦（영등포구，位於首爾的特別行政區）有工具店就直接去詢問了，但是他穿著皺巴巴的衣服去應徵，誰會給他好工作？因此我決定先幫他買衣服。

我到常去的服裝店幫他買了一套乾淨俐落的衣服，也帶著他去理髮工具店打聽，聽說安養市（안양시，位於首爾和京畿道水原市之間）那裡急著招人。那家理髮店的老闆去世，老闆娘必須繼續營業才能維持生計，所以急著找一名理髮師。雖然現在的安養和首爾沒什麼兩樣，但是當時的安養就像一個小農村。

那個時代想在理髮店就業，必須買好自己的工具，我不知道現在還是不是這樣。因此，我幫朴某買了剪刀和理髮袍等工具。當然，這些錢都是我出的。我去赴朴某的約之前就覺得會需要錢，所以帶了一些。我幫他買了一套乾淨衣服和理髮工具後，錢幾乎都花光了。

但是去安養之前還是得吃飯，雖然吃晚餐的時間有點早，來回奔波肚子也餓了，而且即使去那裡找到了工作，第一天也不會有錢吃飯。因此，我帶朴某去了排骨湯店，我算了算錢，發現只夠一個人吃。如果把零錢都掏光的話，我也可以吃，但是我想著回家就有飯吃了，所以只點了一碗排骨湯讓朴某吃。那我把剩下的錢都花在什麼上了？我買了交通代幣。因為想著就算理髮店能供餐，朴某也必須有交通代幣才能移動。我買了十個，八個給他，兩個放在我的口袋裡。

因為我陪他去安養後也不太好馬上就離開吧。本來我們應該提前進行面試訓練，但是那種訓練只是練習說謊罷了。我只告訴他千萬別說自己是從監獄出來的。雖然以後對方還是有可能會知道，但是如果一開始就這麼說，肯定不可能被錄取。萬一老闆娘懷疑實力，我告訴朴某，不要說是因為在監獄裡五年都沒碰過理髮刀，而是回答自己的實力本就有待加強。也許會有人質疑我是教化犯人的人，怎麼可以叫他說謊。然而，我認為他現在必須快點解決吃飯和睡覺的問題，才不會再次犯罪，所以我才會告訴他，就算說謊也要早點找到工作。

我還囑咐他，被錄取後千萬不要把客人的頭髮剪太短，只要稍微修剪就好。除非客人特別交代：「請爽快的剪短！」不然都只要小心翼翼的修一下就好，這樣就不會被客訴沒有實力。

可能是我的這些建議發揮了作用，安養理髮店的老闆娘收留了朴某。理髮店一個月休息兩次，他每次都會來拜訪我，這也是我囑咐他的。因為家人都不在了，他沒有可以去的地方，我怕他若無所事事的到處閒晃會闖禍。他來找我時，我們會一起在村中的刀削麵店吃麵，聊各式各樣的事後才回去。

朴某就這樣斷斷續續來了三個月，過了半年後就沒什麼消息了。因為這個傢伙常常做些不規矩的事，所以我很擔心他不知道發生了什麼事。我打電話給安養理髮店，老闆娘說朴某因為和附近的女孩子看對了眼，所以幾天前私奔了。既然他們決定逃跑，也許發生了什麼事吧。但是他卻留下了預支十萬韓元購買的理髮工具。老闆娘表示當初我帶朴某面試時，她不是中意朴某，而是信任我才僱用他的。哎呀，我覺得自己真是給這位老闆娘添麻煩了，所以約好一個月後去理髮店幫朴某還錢，並請她將朴某留下的理髮工具還給我。一個月後我在約好的時間去了安養理髮店。

去了之後老闆娘嚇了一跳，朴某不是我的家人或親戚，我居然還特地跑來安養幫他還錢。我把老闆娘幫我包起來的理髮工具和理髮袍拿回來，放在我和朴某常去的刀削麵店。

過了一週左右，朴某聯絡我，但是我什麼都沒說。「我對你那麼好，你怎麼能背叛我？」我沒說這些。為什麼？因為沒必要。

我和他說：「我現在覺得你沒有消息就是好消息，所以不用再聯絡我了，我能為你做的應該都做了。即使這樣，你這傢伙也該帶上理髮工具才能賺錢吃飯啊！那不是你這小子的命根子嗎？我把工具放在我們常去的刀削麵店了，你去拿吧。而且你也不欠理髮店錢，因為我都還清了。所以你可以離開那裡，在新的地方重新開始。你現在可以無所顧忌了，不論到哪裡都要堂堂正正的生活。」

在那之後，他去刀削麵店把理髮工具拿走，並且按照我的請求不再聯絡。我想他還是打算在別的地方以理髮維生吧。

總而言之，這個失敗的故事是有啟示的。通常我們幫助出獄的人，難免會期待對方脫胎換骨，但是這種情況並不多。不只是不多，還罕見。**幫他一次並給一句忠告，就期待他會改變，那是很傲慢，甚至是貪心的。**耶穌或佛祖的信徒當中也有做壞事的人，我們平凡人又有什麼了不起的，居然期待一次幫忙就能改變別人？

我們從一開始就應該放棄對方會徹底改變的期待，那樣去幫助別人才會更舒心。之前不是有首歌叫〈人生不完美〉（인생은 미완성）？就像那首歌一樣，我們應該把「志願服務不完美」、「助人之事不完美」、「好事不完美」等想法放在心裡，並用這樣的心態去做志工，這樣就可以了。

請不要期待幫助別人最後能得到什麼成果，我們就只是拉了一下落水者的手，或是把在車道中央哭泣的孩子放到人行道上。如果落水的人甚至一併找到了掉入水中的遺失物，而孩子能找到父母，那當然更好，但是這些都已經是脫離一般人能力的事，所以我們能做的往往都只是應急措施罷了。

有些人會固執的認為，既然做了就要做到完美，但是這樣的人通常做不久。因為我們幫過的人之中會有許多我們不喜歡的人，且往往十有八九都不會有什麼成果。

剛才我說到和朴某說以後不要再聯絡自己了，他也許會覺得我是個冷漠無情的人。但是我知道一旦越過了界線，彼此都會很辛苦，所以才決定在那個當下結束協助，並用新的能量去幫助其他人。我在朴某最迫切的時候伸出援手，但是就到此為止了，我沒有理由一直幫助他。幫到一個程度後，再去抓住另一隻迫切的手，這就是我的助人方式。當然，其中也有我諮詢了超過十年的人，那是因為我幫助他時不會感到疲憊，所以才能持續做下去。雖然我秉持做到一定程度就好的態度，但也不是無條件都這麼做，而是視自己的能力而定。

這就是我能長期助人的祕訣，只要摒棄看成果的慾望，我們的身心都能變得更輕鬆。如何？聽完你還覺得「做志工」這件事有負擔嗎？

不要給肚子痛的人吃頭痛藥。
既然要做志工，
給被幫助者真正需要的東西，
不是更好嗎？
也不是對方所有需求，
你都要無條件給予，
有的話就給，
沒有也沒關係。
放下對別人負責到底的傲慢，
那麼你做志工的心情就會輕鬆許多。

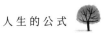

6 告訴自己：「我可能錯了。」

人很難認錯，往往做得好都認為是自己厲害，做不好就怪罪他人。發生交通意外時，有些人會理直氣壯的揪住對方衣領，大喊自己有遵守規則，都是對方的錯，這些都是利己之心使然。

如果人性不是如此，也不會出現宗教團體舉辦的「是我的錯」（내 탓이오）自省活動。這個活動的參與者會在車上貼著「是我的錯」標語的貼紙，雖然不知道實際效果如何，但總之，因為認為這個運動並沒有完全深入人心，所以我有在考慮是否要發起第二次試試看。

因為是第二次運動，我想稍微改變一下口號。在當初參與第一次運動時，那句「是我的錯」給人一種「無條件承認是自己問題」的感覺，若按這句話所說，將會出現很多冤枉自己的人。這些人可能會質疑，明明是對方的錯，為什麼還要責怪自己？正是因為沒有人喜歡受委屈，所以「是我的錯」運動才無法順利落實。

因此，我想將口號改為「我也有錯」。這是什麼意思呢？就是分清是非後再追究自己的錯誤。

以我自己的經驗為例，我以前為了給未悔改的長期政治犯找個地方住，所以想在鄉下買塊地，結果被詐騙了。明明是請認識的人幫忙，但卻被騙了。通常在這種情況下，如果有人告訴我說這都是我的錯，我會覺得很委屈。若我告訴自己這全部都是我的錯，我想我要麼就是精神失常，要麼就是人生十段的完人吧。無條件認為對方是好人，只有自己一個人背黑鍋，就算是人生九段的我也做不到。我當然會覺得騙我的傢伙是壞人，並且認為這是他的錯。

關於這件事，**我主張先去掉壞人犯的錯之後，再來找出自己的錯。**如果我買地之前有收回土地登記簿，並且徹底做好準備的話，就不會發生這種事了。雖然我沒有親自移植如黴菌般的壞元素，卻提供了能滋養黴菌的溫度和溼度。

這樣的反省能為我們帶來兩大好處，**一是使自己進步，二是讓自己心情變好**。因為能藉由發現自己的錯得到進步，所以我一旦找到自己的錯誤就會好好反省，那麼下次就不會再犯類似的錯誤了。我們的生活中沒有那麼多機會去糾正自己，因此，只要發現一點機會就要好好改進。

「還反省什麼啊？都被騙了還不趕快去查登記簿，那才叫傻子呢！」是啊，不趕快確認登記簿的我簡直像個傻瓜，但是我的反省並不只是以「下次一定要確認登記簿」作結，而是告訴自己，今後做其他事情時也要更加慎重。我因為草率的只想著做好事的慾望而吃虧，所以日後做別的事情時也會仔細評估。如果不好好反省，只一味怪罪別人，那麼我就會停留在只要確認好登記簿上。

另外，為什麼反省會使我的心情變好呢？其實我剛開始知道自己被騙時，也是暈頭轉向的。畢竟這損失的不只一、兩塊錢，何況我的出發點是想做好事，對方卻利用了這一點，這是多麼可惡啊！但是我想了想，抓了他，我的錢也回不來；打他耳光，只會弄髒我的手，讓我的心更亂。再說，這個鐵了心要騙人的傢伙，其實也不是那麼容易被抓。

因此，我在將他視為壞人後就先放下，把目光轉向自己了。因為繼續罵他只是讓自己很累而已，所以我改變了想法。我想大家都有過這樣的經驗，也知道恨一個人是很辛苦的事，不僅會讓自己充滿負面想法，還會流失許多精力。反省自己比被騙錢又耗廢精力好多了，不是嗎？

這在朋友或夫妻吵架時也沒有太大的不同。當然，在這種情況下很難說誰是壞人，因此無法得出確切的結論，但是原理是一樣的。

有時情侶間為了不分手想要盡快和解，雙方反而因此吵得更激烈。導致如此的原因在於，我們多半不先反省自己，只想著要讓對方反省。自作聰明的人常常只短暫反省自己 下，接著就放大對方的錯，這可不是什麼明智之舉。

如果下定決心和好，告訴自己：「我可能錯了。」便能創造和好的機會，但若這時再補上一句：「可是如果不是你先那樣，我也不會這麼做。」又會降低和解的可能性了。

「如果真的只有我做錯該怎麼辦？」可能會有人想這麼問。這是有可能的，但是這種情況並不多。通常我們檢討自己後，對方也會開始反省。如果你擔心只有自己犯錯，要麼是對方完全看不到自己的錯誤，要麼是你故意製造別人的錯誤。但是你不可能是那樣的人，你認識的人也不太可能這樣無理取鬧，世界上會這麼做的人並不多。

說到這裡，如果你想坐上開往幸福的列車，就請跟我一起做吧！

我只能告訴你可以在哪裡買到通往幸福的車票，但無法直接買給你。要買一張通往不幸的票，還是一張向幸福前進的票，決定權都在你手中。

因為被騙錢而怪罪對方，
只會讓你賠了錢又丟了精力。
壞人就是壞人，
放下吧！
壞人的行徑不值得我們勞神費心，
我們只要反省自己就好。
那麼在失去的過程中也會有所收穫。

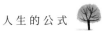

7 嘗試被深深的背叛一次

我曾經有個很要好的朋友，後來才知道他常常在背地裡罵我，這讓我有種被背叛的感覺；我也曾經看過因為老公外遇而崩潰的人，她氣急敗壞的想到現場逮人，揪住第三者的頭髮，讓他們坐牢。

再說一個被背叛的例子吧。有人曾以為自己的孩子是舉世無雙的模範生，不會做壞事，但是卻發現孩子抽菸、喝酒又打架，於是他緊緊抓著孩子大吼，從「我是怎麼把你養大的」到「和我一起死吧」，就像寫好的劇本般一句接一句的喊出來。

只要活著，就會與各式各樣的人建立關係，要做到不對人失望也不是一般的難。此時，多數被背叛的人往往會氣得大叫或癱坐在地上，這不是很難看嗎？人們不是無法理解那種被背叛的感覺，但總是只怪罪他人，將對方視為十惡不赦的壞人，並將自己視為單純的受害者。事情真的有那麼單純嗎？我並不是要告訴大家，無論別人怎麼騙你都不要埋怨，但人與人的相處，就應該毫無保留的敞開心扉，才能真正心意相通。

之前受典獄長所託寫信給柳永哲時，我先講述了自己人生中最孤獨的時刻。在我離婚後牽著兩個女兒的手走出家門時，感覺就像一個人站在茫茫大海裡。我相信柳永哲那傢伙也有過這種感覺，雖然他是犯下滔天大罪的殺人犯，但他畢竟也是人。於是我在信裡頭問他：「你不覺得這世上沒有一個人相信你說的話，就像站在茫茫大海裡一樣孤獨嗎？」我嘗試先敞開自己的心扉，好讓那傢伙也對我真心相待。

大家了解我想說的是什麼嗎？我想表達的是，當我們想和人深入交流，或說出「某個人背叛了我們」之類的話前，得先敞開自己的心扉，讓對方看看自己的傷。和朋友相處時，先把孩子、老公、虛度的光陰等，內心的傷都展現出來，才有資格和對方討論背叛等更加深入的議題。

所謂背叛，就是辜負了某人的信任。所謂相信一個人，就是心裡什麼話都可以說，說了之後不會覺得不安。而要是我們真的敞開心扉，毫不吝嗇的把真心給了對方，對方卻背叛了我們，該怎麼辦？那當然會留下傷痕。

因此，對於是否要給出真心，我們往往會猶豫再三。第一個選項是適當的給予，維持適中的關係，但是對對方來說，我們將會成為可有可無的人。第二個選擇是**表露自己的真心，但是在建立真心相通關係的過程中，偶爾被背叛。如果是這個時候被背叛了，背叛者就是壞人，真心付出的人並不會因此變成傻瓜。**

我選擇了以第二種方式過生活。那是因為，如果我變成對他人來說可有可無的存在，那是多麼傷心的事啊！倒不如就算被背叛，也會覺得自己曾經是他最珍貴的人，他對我來說也很珍貴，這麼想不是更好嗎？

也許你會覺得，我可能從來沒有被背叛過才會這麼說，但其實我也被背叛過。我曾經照顧過無依無靠的孩子，但是家裡卻被洗劫一空。我剛開始很慌張，但是後來有了這種想法：「我不是抓到他就能把東西要回來，就忘了吧。」怨恨背叛我的人很累，所以我純粹是為了自己而去忘記的。

後來，在我某次為監獄中的犯人講課，提起這個故事時，坐在前排的犯人問我：「那孩子會不會是沒有辦法才這麼做？」當下恍然大悟的我又改變了想法。是啊，那個孩子是不得已才會這樣做的。

除此之外，我還漏了一件事。曾經有位朋友向我借錢，並宣稱很快就會賺大錢了。大家或多或少都遇過這種情況吧？但我想，若一個人想擁有比付出的努力更多的收穫，自然會得到錢收不回來的結果，如果說這是背叛，那實在太搞笑了。去和別人說這種根本算不上背叛的例子，並在背後罵背叛者，無疑是搬石頭砸自己的腳。

有付出才有回報，這才是對錢該有的態度。

你可能會認為緊握著鑰匙、鎖住心扉，
就不會被人出賣了。
但是這樣活著，
不會覺得悶悶不樂嗎？
成為可有可無的人，
難道不令人沮喪嗎？
將所有的門都敞開吧！
人與人之間的溫暖情誼
將會如春風般徐徐吹來。

8 沒有必要裝善良

從幾年前開始，寬恕與和解的言論便一直在我們的社會中流傳，說什麼要看向未來，原諒過去並與之和解，不久前仍議論紛紛的朴正熙[7]（박정희）紀念館也是因為這個說法而出現。自從聽說要建立紀念館，我就想，這是幹什麼的，並且聯想到我之前在中華料理餐廳用餐時遇到的事件。

我之前和一位前輩與四名後輩去中華餐館吃飯，後輩們各自說出想

7 為大韓民國第五至第九任總統，是南韓憲政史上執政時間最長的國家元首，亦是南韓第十八任總統朴槿惠的父親。

點海鮮麵和烏龍麵，但是負責點菜的前輩卻用開玩笑的語氣，說要替後輩們直接點五碗榨醬麵。當然，他當時只是在開玩笑，如果認真做了，之後想再邀前輩一起聚餐，肯定會變得更加困難。

如同上述直接代替他人點他們不想吃的餐點，建設朴正熙紀念館就像是前總統金大中[8]（김대중）開的荒唐玩笑，他居然將自己視為受害者代表，連原諒都替受害者們做了。雖然我不知道他是不是真的原諒了朴正熙，但是我知道直到現在為止還有許多人無法原諒。當年被朴正熙害的人可多了，有些人甚至失去了家人，這些傷痛如同結塊的腫瘤，豈是一個「微笑」就能帶過？這不就像醫生沒發現剪刀還放在病人身體裡就縫起來一樣嗎？

我想，如果是用個人的名義建紀念館，也許就沒什麼問題，用自己的錢幫尊敬的人建一座紀念館，那也是其他人無可置喙的事。但問題在於，現在是總統要動用國家的資金來建造。

金大中前總統在朴正熙時期也受過許多次拷問，度過不少生死關頭。最終他獲得了諾貝爾獎，還成為了總統，也許因此而產生原諒的想法，但其他受害者可不是這樣想。如果金大中前總統想原諒他，自己安靜的去朴正熙的墓原諒就可以了，不需要讓任何人知道。但是既然身為總統的人要原諒朴正熙，想必怨恨朴正熙的人也比較能釋懷，或許因此才有一些人贊成吧！

現在讓我們縮小範圍，聊聊社會議題外的原諒。人活著總會有需要原諒或被原諒的事。如果對方只是犯了點小錯，或真心請求諒解，也許我們就能早一點放下這個包袱。但是我想大家都知道，這些情況並不容易發生，因此也想在這告訴大家原諒他人的方法。

記得我前面所說的嗎？**不明就裡假裝善良來原諒別人，不是真正的原諒對方**。像這樣裝出樣子只會害了自己。也許對周圍的人來說，這樣

8 大韓民國第十五任總統，在前總統朴正熙、全斗煥（전두환）獨裁政權期間多次因民主鬥爭入獄，被稱為「亞洲的曼德拉」，也是二〇〇〇年諾貝爾和平獎得主。

的人心胸寬大且善良，但是實際上這些人內心卻是痛苦的，他們即使討厭別人，也不會露出討厭的神情，而是裝作親近且親密的樣子，這麼做只會使自己的心病入膏肓。

人活著最痛苦的事情之一，就是做出違心之事。沒錢裝有錢，不懂裝懂，不善良卻假裝善良，持續這樣生活，只能與幸福說再見。只要做到問心無愧、把手放在胸前也不會感受到心臟不安的怦怦亂跳，維持這種程度的善良即可。

人啊，只要活到良心不亂跳的程度就能活得很好。我們偶爾也會遇到善良到把心掏出來的人，但是沒必要拿他們當榜樣。「無論誰做了什麼傷天害理的事都無所謂」，像我們這樣心軟的人，如果抱持這種態度生活，一定會因為心裡太不舒服而活不下去。唯有拿掉良心也自信能活下去的人，才有辦法秉持這種態度生活。如果你想成為這種不知反省的人，那我就沒辦法了。

既然不能不明不白的原諒他人，那我們什麼時候才能原諒對方？當你不再把恨放在心中，那就是真正的原諒了。**當你想到對方的所作所為，卻沒在心裡掀起任何漣漪，那就是原諒**。請你好好想想看，如果你一想到那個傢伙，心裡還像放了一塊石頭般胸口鬱悶，卻不顧這樣的感受，並且告訴自己：「我原諒那傢伙了。」實在是沒有比這更委屈的事了。

然而，我也不建議大家主動傷害對方。我們往往想著如果能有機會報仇就好了，但是多半做不到。原諒並不是容易的事，生活中總會發生許多讓人難以輕易諒解的事，我們就當作是衣服沾上了灰塵，接受這一點，並抖掉它就好。這是很重要的人生公式，請大家好好記下來。

如果說醫生將剪刀遺留在患者的肚子裡
就縫合被稱為「醫療疏失」，
那麼不明就裡的原諒
就可以說是「人生疏失」了。
你沒有必要再裝善良，
你的人生變得如此不順遂，
實在沒必要如此偽裝自己。

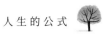

9 愚蠢的人會反覆做蠢事

相信大家都聽過阿拉丁神燈的故事吧？人們應該都想像過，如果自己有了神燈會許下什麼願望。

然而，在這種能夠改變命運的重要時刻，有個人卻莫名其妙的要求希望能得到「智慧」。這個人的名字叫做所羅門[9]（Solomon），我想大家應該都聽過吧？就是那位用一句「把孩子分成兩半」[10]來鑑定親子關

9《希伯來聖經》（*Hebrew Bible*）中第三位以色列國王，《古蘭經》則視之為先知。

10 在聖經故事中，所羅門曾下令要將嬰兒一分為二，藉此判定兩位各自聲稱是孩子母親者的身分真偽。最終他認為，同意把活著的孩子送給對方以保全孩子性命者，才是真正的母親；而同意將孩子一分為二的另一位不是。

係的所羅門。

所羅門之所以能擁有如此智慧，是因為他在上帝讓他許願時，要求了「智慧」。如此看來，他原本就是個相當有智慧的人。即使所羅門是國王，如果沒有智慧，他也可能會貪心的說：「給我金塊，讓我稱霸世界吧！」

儘管所羅門說過的話都成了重要的諺語、每一句都很有道理，其中卻只有幾句話特別觸動我。在此要和大家介紹兩句名言，第一句是「**如果有困難的人來請求我幫忙，我不會要他明天再來**」，我想先談談它。

這句話本身不難理解，就是誰請求幫忙，我就馬上去幫他的意思。但無論是再好聽的話，要按照話所說的內容去做還是很困難，有時是因為不容易做，有時則可能是因為我們沒有事先想清楚這句話的意思。

認為所羅門說得有道理的人，請跟我一起牢記他這句話真正的意思吧！這句話是對給予幫助的人所說的，但是我們得練習**站在接受者的立場上思考**，因為那樣給予的幫助會更加適切。

例如，你急需醫療費時，最先想起某個朋友，你有可能像平時打電話一樣，以輕鬆的口氣打去借錢嗎？不可能的，你一定會猶豫再三。這件事本就很急，你猶豫了許久，好不容易才打了電話，對方卻說他現在很忙又沒錢，讓你明天再打去，你的心情會如何？

出獄之後打電話給我表示想見面的人，一定是想找我幫忙。難道對方是喜歡我，才約我見面的嗎？如果我說自己很忙，請他下次再聯絡，那麼對方能做的事就只有犯罪了。如果非要打個比方，求助者就像是急救患者，急救者就是醫生。醫生在病人快要死掉時要病人明天再來，這樣行嗎？

當然，給予幫助的人有可能真的忙得不可開交，或是真的沒錢，但我們還是要盡可能做到能做的應急措施。就算什麼都做不到，至少也說幾句真心溫暖的話語，這才是有情之人嘛！

如何？你願意練習這樣幫助別人嗎？不光是這些，也請一起思考前面幾個章節的內容吧！請不要一下子將所有的內容吞嚥下去，而是放進嘴裡好好咀嚼，那你將能吸收到對人生有益的營養。

接著，我要來分享所羅門的第二句話。

「如同狗把吐出來的東西吃進去一樣，愚蠢的人會反覆做著蠢事。」

大家記得我在〈告訴自己：「我可能錯了。」〉這個章節中曾經說過類似的話嗎？當然我說的話沒有和所羅門說的一模一樣，但是我也強調要反省自己的錯。反覆做蠢事的人歸根究柢就是因為沒有反省。

我們再來聊聊職場、家庭和朋友之間常常出現的責任攻防戰吧！

經常吵架的人並不是像黑道一樣，因為常常和奇怪的傢伙糾纏在一起，容易發生倒楣的事才吵架，而是吵完之後沒有自我反省，所以才每天都吃進自己吐出來的東西。

然而，即使反省了，如果沒有反省徹底，那就像不吃吐出的東西，但是卻吃進其他腐爛的東西。智者用聞的就能辨別屎和大醬，愚者卻要每次都吃進去才能區分。

即使是第一次看到的植物，我們也能大概辨別哪個部分是花，哪個部分是葉子，只有在特殊的情況下，我們才會發現以為是花的東西其實是葉子。那是因為我們之前看過別的植物開的花，所以才能辨別第一次看到的花，因為花通常都長得差不多。

這種蠢事只要發生一次就會狼狽不堪，下次再看到類似的花也不會再弄錯了，但是為什麼我們會反覆做蠢事呢？那是因為重複的行為很難改變，不論誰在旁邊說了什麼，不管遇到什麼事，都只會固執且笨拙的堅持下去。

無論如何，我們都該做一個有智慧的人，但是這並不容易。知識是只要坐在書桌前努力學習就能累積的，但是智慧並非如此。**智慧的累積不僅需要知識，還需要經驗和反思，要想全部得到，可能讓人筋疲力盡。**

那麼，我們該怎麼做？我建議大家反向思考，也許上帝不是給了所羅門智慧，而是把他的愚蠢帶走了。

所以我建議大家先練習不要做蠢事，這麼做至少能不讓自己反覆吃進吐出來的東西，那麼你就能慢慢變成有智慧的人。

即使沒有因此成為非常有智慧且受到尊敬的人，你的人生也會因此過得舒適溫暖。

正如神從所羅門那裡帶走愚昧一樣，
雖然我們希望有人能帶走我們的愚蠢，
但是這種事不會發生。
那該怎麼辦？
如果你希望過上舒心的生活，
就應該練習放棄做蠢事，
這樣才能過上輕鬆安穩的日子。

10 幫助別人之後，忘掉吧！

好一段日子前，我聽說南北韓的交流有了突破，甚至還通了電，這真是好消息。如果能經常交流，彼此間的對話管道一定會越來越多，南北韓的人民也會變得更能夠互相理解。我想在這個章節中談談北韓。你也許會疑惑，人生九段和北韓有什麼關係？等你看完後腦中應該會冒出「啊！」一聲這樣的頓悟感。我不會探討複雜統一問題，那種事我也不太清楚，所以無法議論，但我想就這個議題聊聊人性。

某次，我在清洲[11]（청주시）戒護所向長期政治犯講了半個小時的

11 忠清北道的一個市級行政區，亦為該道的首府和最大城市。

課，那時大約有六十二名犯人，現在他們都已經被釋放了。當時上課的目的是為了思想導正，但是這些犯人大概有四、五十年都沒有放棄自己相信的政治理念。前任部長或名人來做思想宣傳時，這些犯人都會從座位上站起來發出噓聲，可見他們對自己的意識形態有著多麼強烈的堅持。這是我說幾句話就能改變的嗎？五十年的思想形塑不可能在半個小時內擊潰。

因此，我根本沒想過要改造他們的思想。我先請戒護所準備了一份聽講犯人的資料，看了之後發現其中有九位都已邁入花甲之年，因此也買了幾件內衣作為他們的花甲之禮。在我走進教室後大家都嚇一跳，因為他們沒看過女講師。

不只他們嚇到，其實我也嚇到了。那些頭髮白皙的人眼神仍十分明亮。我不禁心想，啊，原來這些人能以如此堅定的意志堅持了幾十年的歲月。

因為這是我四十多歲時發生的事，所以記不太清楚了，我講課的要旨大概是這樣的：「來這裡講三十分鐘的課就能轉變你們的思想嗎？我認為這是無稽之談。因此我不是為此而來，請大家就把我當作進來探望哥哥們的妹妹吧！

「我十歲時經歷過戰爭，當時我因為害怕韓國的友邦，也就是偉大的美國，所以找地方躲了起來。在躲避的地方，和我們長相相似的人民軍坐在井邊幫我舀了一瓢水，我是抱著當時的心情來這裡的。」

「如同僧侶們在三伏酷暑中流著汗打坐，為了尋找心靈的安定而修練一樣，希望大家儘管身體被禁錮，也能藉由修練讓心靈自由，那麼牢獄生活也許就不會那麼辛苦了。」

我只說了這些，並沒有開玩笑要他們改變思想。我認為玩笑要開在值得的地方，不能拿別人的人生和生命開玩笑，這實在不適合。

我不太清楚共產主義和資本主義的理念是什麼。但無論是什麼，不都是為了好好生活而發展出來的嗎？兩者都應該有助於人們過上好日子才是。

因此，理念什麼的，我暫且不管，只把清洲戒護所的人當成和我一樣的人。也就是說，我更看重的是與他們之間的關係。

忘了是在電影裡看到，還是在書中讀到的，有個上戰場的士兵背包中裝了一把從老家挖來的土，他請戰友們幫忙，要是自己戰死了，就把這把土撒在他的墳上。

當時在清洲戒護所的人現在都被釋放了，但還是有人沒能回到自己的故鄉。人只要有一點困難就會想起故鄉和父母，那些戒護所的人們該有多想念故鄉啊！

我的意思並不是說他們應該要馬上返回北韓，因為那似乎是很複雜的問題，無法輕易定論。但他們已經吃了許多苦，我認為整個社會都該好好思考這件事。

雖然最近比較沒人討論，但是近幾年有許多人斥責政府援助北韓糧食，他們認為應該拿這些錢來製造導彈、買軍糧，或幫助在韓國生活困難的人。

我不是完全不理解這些人的觀念，但難道我們要看著北韓的大人小孩餓死的樣子，然後高呼：「北韓快點完蛋」嗎？還是我們應該要背著一袋袋米，親自分給千家萬戶，監視他們吃不吃？

幫助了有困難的人之後，就請忘掉吧，就當作是給喉嚨乾渴的人舀了一瓢水。如同我在前面的章節所說的，請別因為做了好事就想得到好結果。雖然我不能說我最大的願望是統一，但還是希望能統一。因為南北韓分裂而受苦的人太多了。

我想應該有人看完上述的內容後有許多質疑，畢竟國際趨勢和統一後的經濟問題都是複雜的議題。是啊，我或許想得太天真，說得也可能是錯的，但是我想大家應該知道我想表達什麼，希望讀者們去除與你想法不同的部分，只聽進自己想聽的話，那樣就行了。

給口渴的人一瓢水
是為了傾囊相助。
因為同樣是人，
同樣生活在這世界上，
我們的行為準則
不就該「以人為本」嗎？
哪怕是再恨的仇人，
只要他在懸崖邊，
我們還是得先伸出援手，
這才是做人的道理。

11 激勵自己：我是了不起的存在

我的心中每時每刻都會響起一個聲音，這麼告訴自己：

「我梁順子真是個了不起的人。」

我認為這句話不該對別人說，而是要好好的和自己說。我在心中總是反覆說著這句話，好讓我認為自己是個很棒的人。

我們有時候雖然不至於犯罪，卻也會想做點壞事。當然，我們也會做好事，甚至想藉此炫耀一番。我們會無情拒絕他人的請求，也會親切的幫助別人；我們完成過非常困難的事，也曾在容易的事情上嘗過失敗的滋味。儘管每個人的經歷多少有些差異，但是我想內容或許大同小異。

我的意思是，有很多人因為把自己視為「普通人」，所以他們就只能做平凡的事，很難脫離想像中自己的樣子。所以從現在開始，你要把自己看作是一個了不起的人。

請在心裡反覆告訴自己：「我是一個了不起的存在。」只要這麼做你就會產生自信，也會因此興起嘗試更多事物的念頭。

你也許會疑惑，道德書中不是教導我們做人要謙虛嗎？你可能會因此猶豫，認為自己變成了一個自滿的人。

然而，我沒有要大家變得自滿或自負。「低頭才是優秀者」這樣的建議，我想大家應該聽得耳朵都要長繭了，甚至有更過分的會要人卑躬屈膝。無條件在他人面前貶低自己的行為已經不是謙虛了。即使我擁有的比對方多，知道的也更多，卻仍以禮相待，那才是謙虛。裝作無知及自己什麼都沒有，不是件好事。

其實在別人面前稍微放低姿態並不會有什麼大問題，但是如果你聽任別人的話看低自己，你對自己的期望值也會隨之降低，並認為自己原本就不是個夠好、夠優秀的人，做事也會隨之馬虎。

如果有人犯錯後被你指出，卻回答：「我本來就是這樣。」那請今天就結束和他的關係，因為和這種人交往只會沾上狗屎。

我之所以說自己是「人生九段」，也是因為有人以這個名字稱呼我，我覺得很不錯，即使剛開始有點尷尬，之後也就慢慢接受了。

我將自己視為人生九段後，也開始了九段式的種種行動。當我懶惰或想罵人時，會告訴自己「我是人生九段」，以此壓制住這些壞想法。這種趕走壞心眼的方式比任何方法都簡單多了，儘管不可能因此變得什麼都做得到，也還是有做錯的時候。做錯事後，我卻會因此馬上就想到自己違背了「人生九段」的稱號，趕快反省，並努力改正。有了這樣的自我要求，我就不再因此迷路。

這就是所謂的「自豪感」，這種自豪感來自於「珍惜自己的心」，我們整理東西時也是這樣。如果是自己覺得珍貴的東西，就會非常珍惜，不會亂放，也怕生灰塵，所以隨時擦拭。**我們對待自己也是一樣，越是珍惜自己的人，也越能產生好的想法和行為。**即使偶爾會有「想插隊」

或是「不正當取得物品」的想法，也會因為想起自己是珍貴的人而放棄。雖然不會百分之百如此，但是與看不起自己的人相比，這樣的人能在努力較少的情況下取得更好的成果。

因此，從今天開始，就把自己當成一個了不起的人吧！收起那點沒用的謙虛，讓自己成為了不起的人，**經常對自己的懶惰不滿的人，請把自己想成勤奮的人；不滿自己脾氣差的人，請把自己想成寬容的人；性格急躁的人，也請告訴自己是從容的人。**請大家以這些例子為標準，思考後再行動，並盡量努力做到吧！

這麼做並不花錢，也不會花太多時間，請大家都試試看。只要持續一週，你就會感受到變化。

人很容易按照自己眼中的樣子行動，
不論是好樣子還是壞樣子。
如果你珍惜自己，
自然也會產生更好的想法和行為，
別人也會因此好好對待你。

12 換個想法就能開拓格局

這是我某天去寺廟時發生的故事。

那是一座位於道峰山[12]（도봉산）半山腰的寺廟，當時正在建造大佛像，廟方已經訂好完工日期，並向信徒發了五百多張明信片。因為大師們無法親自施工，所以工程全部交給了業者，眼看完工日將屆，我有些擔心。到了寺廟後我發現工程完全沒有進展，才聽說原來工人們都在偷懶。

我打聽到業者似乎把廟方給的預付款都花在別的地方，所以連工人

12 道峰山是首爾具代表性的岩石山，與北漢山國家公園相連，有許多寺廟與清澈的溪谷。

的薪資都無法正常給付，拿不到錢的工人們自然怠慢了工作，因此僧侶們去斥責也沒用，只是讓工人們變得更煩躁。

我偶然聽到這件事後仔細一想，廟方肯定覺得很丟臉，所以我開始思考有什麼能幫上忙。我去工地看了看，發現工人們果不其然在偷懶。這些工人驚訝的看著走進工地的我，彷彿想著：「每天都只有僧侶會來，今天怎麼來了位老奶奶？」我什麼話都沒說，轉一圈就出來了。

當天晚上我買了雞肉和酒，帶到工地去。在我把包好的東西攤開後，工人們都用奇怪的眼神看著我，大家都覺得這畢竟是在寺廟裡的工程，我卻帶來了肉和酒，實在太不合理了。工人們看著這些食物猶豫不決，但是我請大家都過來吃，所以等上年紀的工人們圍過來後，其他工人們也陸續過來圍坐在一起開始吃。

對了，我可不是那寺廟中的什麼官，只是個普通的信徒，也沒想過要因此得到什麼福氣。畢竟，如果做這點事就有福氣，世上不就不存在沒有福氣的人了？也許你會覺得我真是個奇怪的老奶奶，請仔細聽我接下來要說的話，你就會知道為什麼我會做這種事了。

喝了酒之後，這些工人開始向我訴苦，他們拿不到薪水，老和尚又天天來問，頂多送他們年糕吃。即使工人們在僧侶們面前不說，心裡也會想：「年糕這種東西還是你自己吃吧！」

聽完工人們說的話後，我就說：「首先請大家遵守完工日期，但是請不要想著向寺廟要薪水，就當作是捐錢給廟方，做功德。」我也請工人們不要把我做的事告訴僧侶們，如果僧人們知道的話，一定會怪我。

從那之後，工人們變得越來越有活力，每天晚上我都會買酒和肉慰勞他們。由於怕被僧人們發現，我甚至還準備了一套說詞。

「在大師們眼裡這些是肉和酒，但是在我眼裡卻是補藥，吃點肉、喝點酒就是對佛祖不敬了嗎？年輕的工人們在漫長的夜晚感到飢餓，得吃點肉才有力氣。光是吃年糕就能有力氣了嗎？」

後來，這件事在工程結束後被發現了。不知道大師是之前就知道，還是完工後聽工人們說的，他只在完工後對我說了句：「師姐啊，不能這樣。」我本打算在他追問時拿出備好的說詞，但是他突然冒出這句話後就沒說下去了，因此我也沒能多做回應。

也許大家會覺得我真愛多管閒事，每天晚上花那麼多錢幹什麼呢？其實，我當時真的覺得挺有意思的。

原本做事慢吞吞且垂頭喪氣的工人們變得精神煥發，眼睛裡閃閃發亮，工作速度也變快了，那可不是件容易的事。如果你身邊也發生了這樣的事，請好好看看，因為光是在旁邊看就會讓人振奮，心情也會變好。

施工結束後，有個工人悄悄來到我身邊對我說：

「老奶奶，您請我們把這件事當作是給寺廟的施捨來做功德，讓我很感動，所以最後興致勃勃、努力的完成了工作。這都是託您的福。」

聽完他說的話時，我心想，是他們願意改變心意，工程才能完成。其實把某些工作當作在做功德也不是什麼特別的事，肉和酒更不是什麼大事。從他們改變心態的瞬間開始，事情就變得順利了。用最近流行的話來說，就是他們轉念了，所以才會產生巨大的力量，做出超人也無法輕易做到的事。

看到他們轉念，我想著人性就是如此微妙。思想這種東西就像夏天摘下來的白菜一樣軟，只要稍微改變一下，就會像被困住後釋放的鯉魚一樣，蹦蹦跳跳的飛向天空。鯉魚跳上天空會變成什麼？那就是變成一條龍。

有人說，人的命運是注定的，不容易改變，但若是能下定決心，能一下子就改變的也是人的命運。**就算你不滿意自己現在的處境，也不知道未來會如何，不妨先換個想法，也許就能開拓更大的格局，也能賺更多錢，做更多好事。**

「改變想法就能變成龍。」只要抱持這樣的信念生活，肯定會有好事發生。

眼前的這顆蛋，
看起來像食用的雞蛋嗎？
換個角度來看，
或許它也可能是顆還未孵化的鳥蛋。
如果把它想成雞蛋的話，
它只能被放進平底鍋煎裡煎熟，
但如果想成鳥蛋，
它就能孵化成鳥。
而你的生命也是如此。

PART 3

美好婚姻的公式

期待在婆家能過得舒適一點，
就如同希望菠菜有蜂蜜的味道一樣荒謬。
菠菜有自己的味道，
婆家有其不便之處，
應該盡快接受。
這不是為了婆家，而是為了妳自己。

1 不想當保母或長工，就不要結婚

我六十歲時曾經當過一次證婚人。一般來說，不會有人主動要求當證婚人，但我卻這麼做了。

既然要求站在證婚臺上，就得寫證婚詞。但我不想像一般的證婚人那樣，說「要白頭到老」之類的話；再說了，因為失敗過，所以我很清楚婚姻為什麼會變得不幸。我想唯有把這部分說清楚，兩個人才能過上好日子。因此，我的證婚詞是這麼開始的。

「如果發生火災了，我們會打一一九請消防隊來滅火。但有些火卻會自己熄滅，那就是愛之火。」

我這麼說是想告訴新人婚姻的真相。生死都要緊緊相擁，只是暫時無法見面，就覺得活不下去的愛之火，大家覺得能持續多久？世界上沒有無保存期限的東西，愛情也不例外。時間一長，即使燒得再旺盛，也會不知不覺只剩下灰燼。

從那時候開始，從前沒看見的缺點就會慢慢顯現出來。我想大家應該經常聽到這句話吧：「我瘋了，那個人有什麼好……」其實這些缺點在熱戀時看起來都像優點，人心就是如此容易被蒙蔽。

通常會說出這種話的人，在熱戀時可能也曾說過：「我們不會像別人一樣，我們會永遠相愛。」但是在結婚時說出那種話的人有多少？婚後能繼續保有熱戀感情的人又有多少？你身邊有這樣的人嗎？這種人非常少見，甚至可以說是稀有品種。

所以也請不要因為自己沒離過婚就自滿，好好聽我要說的話。我為什麼要在所有人都來祝賀的好日子裡，以證婚人的身分，說出新人們的愛情之火不久後就會熄滅呢？

熊熊燃燒是愛，燃燒後剩下的木炭也是愛。我認為那個木炭才是真

愛。誰的愛不會熊熊燃燒，大家不都是這樣嗎？問題是這份愛要長久，才是真正的愛。

然而，**長久的愛並非免費，需要提前做好準備**。熊熊烈火熄滅後，才想摸著黑找點什麼，只會碰傷額頭。要麼點蠟燭，要麼驅動馬達發電點燈，這些都得提前備好，才能在危機時派上用場。

那麼我們該準備什麼呢？這時需要的不是錢或車，而是心理準備——男人要有當長工的心理準備，女人則要有當保母的心理準備。

長工是做什麼的呢？就是勤快耕種，將收成堆進倉庫，這就是長工的工作。因此他需要經常檢查倉庫屋頂有沒有破洞，耕種的工具是否有問題。半夜要確認家人們是否都回來了，並把門鎖好；家裡有人生病了要送病人去醫院；客人來了必須第一時間跑出去迎接。說起來就是家裡的守望者。

如同長工的工作一樣困難，當保母也並不輕鬆。有人說女人是男人的靈魂，做別人的靈魂並不是件容易的事，即便如此，女人也必須努力做好自己分內的工作。

那麼保母要做什麼呢？在長工打下的堅實基礎上，注入平和溫柔的氣息，這就是保母的工作。

男人不想當長工就不要結婚，女人不想當保母也不要結婚。最近有許多患有公主病或王子病的人，這種人無論有沒有錢、長相好不好看，都說自己是「公主」或「王子」。如果這是自信就好了，但事實並非如此。真正尊重自己的人會懂得謙虛，也會替別人著想；但是得了公主病和王子病的人，只會想著自己舒服，想要什麼就拿什麼，他們連一根手指頭都不想動，希望別人都能配合自己。

我為什麼會說這個？王子和公主無法當長工和保母，那些人在煙花熄滅之後，就只能打架，互相抹木炭煙灰。

童話裡的公主王子，相遇之後從此過著幸福快樂的日子，大家都知道那是騙人的。大家明白我的意思了嗎？唯有男人願意當長工，女人願意當保母，才能保證過好日子。

現在聽我講這些話的女性讀者中，肯定也有外出賺錢的人。這些女人中十之八九，同時兼任了長工與保母的工作，這意味著我說的這番話，對雙薪夫妻來說派不上用場。

所以我思考著，如果有機會再當證婚人，自己該說些什麼證婚詞。如果你喜歡我的新版證婚詞，就買瓶酒來賄賂我吧，我可以免費送給你。如果真的要把我接下來要說的話當作證婚詞，可得改得更文雅一些。在這裡的就只有我和你們，所以我就擷取重點說給大家聽。

結婚就等於踏上了拳擊的擂臺，所有的參賽者都要遵守比賽規則。這不是職業摔角場，而是拳擊場，在職業摔角中，一點犯規可以容忍，但是拳擊可不行。

一旦下定決心要結婚，就必須遵守擂臺上的規則。如果不想遵守，那就乾脆不要上場。那邊只穿著內褲打鬥，這邊說要穿禮服；其中一方說要戴手套，另一方卻說要脫手套。這樣可不行！

婆家規矩、娘家規矩、家務事、子女教育，規則包山包海，因此結婚的前提是接受這些規則。結婚前兩人要相互協商制定規則，婚後也要遵守規則，這就是我新寫的證婚詞重點。

如何？大家覺得我可以再當證婚人嗎？

婚姻是現實的，
不僅止於經濟，
在情感上也會變得現實。
婚後不會只過著幸福的日子，
請做好準備，
就當作結婚那天是兩人
最後穿著公主和王子的衣服，
然後卸下想當公主和王子的心態吧！

2 維持長久婚姻的關鍵

前段時間我看了報紙，發現之後似乎要推出一項奇怪的法案，那就是「離婚熟慮制度」(이혼숙려제도)。這項法律規定即使夫妻雙方達成協議，也會給他們幾個月的時間思考。這些思考時間是強制性的，真是特別的規定。但是怎麼會出現這樣的法律呢？

我不是反對離婚，或將離婚者當成罪犯，我自己都離婚了，還會反對離婚嗎？我認為如果夫妻實在走不下去，離婚比一起生活更幸福，那當然要這麼做。

然而，離婚說起來容易，實則非常困難。蓋完章，各自回家，也許心裡會痛快，但心情一定不好。不僅在下定決心前會不斷操心，離婚後多半也會難過自己怎麼會走到這個地步。

所以結婚前請務必好好思考，再怎麼愛得目不轉睛，也得深思熟慮後再結婚。那麼結婚前，我們該思考什麼？必須想想自己為什麼要結婚，以及「結婚的主題」是什麼。

結婚又不是寫文章，談什麼主題？是啊，寫作和說話都需要主題，文字和語言才會有意思；沒有主題，只會成為了無生氣的冗文。沒有主題固然是個問題，但是太多主題也是問題，會讓人根本不知道在說什麼。那就是因為太貪心了，想說的話太多，結果變成什麼都做不好。

結婚也一樣，選擇一個「主題」就好。沒有核心主軸或目標，就會變成只是年紀大了，迫於家庭壓力，不得不結婚。但是主題太多，也不是聰明的人該做的事。

愛、錢、孩子，請大家務必只要想著一件事就好。若你想著「我真的很喜歡他，就算他折磨死我了，我也願意住在同一間房子裡」，那就只專注在愛情這個主題。**所謂「主題」，指的是只遵守你真正想要的那**

一個，就能長久走下去的關鍵之事。想在家裡過好日子，結婚後只守著一個主題就好。如果總是貪心，就會產生不滿，累積不滿後就會吵架。

那我為什麼離婚了？難道我也是因為太貪心才離婚嗎？你可能想問我這些，但是我沒有貪心。我只交往過一個對象就結婚了，最終這和我的期望相差太大，所以我很失望。我結婚的主題是「人」，但是後來破滅了。即使如此，我也沒有馬上離婚，而是一起生活了二十多年，期間我一直在心裡告訴自己：「即使老公說那種話，他內心也不是真的那麼想。」然而，最終我們還是沒能拉近關係。我被自己的劇本給催眠了。

現在喘口氣說點別的事吧。

那是我在首爾拘留所擔任教化委員沒多久時發生的。當時大家都發願要努力做好服務，所以設定了很多目標。

當時我設定的目標最少也最小，我的目標是「希望為被服務的人們帶來希望。哪怕只有其中一人，我也滿足了」，但是後來和其他人一比，我竟然是做得最成功的。目標最少的我，完成最多的事。我從一開始就是沒有大目標的人，現在也是。

現在再回來談談結婚的事吧！我們結婚的理由其實很簡單，不就是為了過得比現在更幸福一點嗎？你曾見過有人為了變不幸而結婚的嗎？比起帶著許多目標與包袱，圍繞著單一主軸的婚姻更容易幸福。

我們去餐廳吃飯時也一樣。既然是要品嘗食物，那麼只要東西好吃就行了，在意氣氛和價錢什麼的，該如何好好消化食物？味道和氣氛都好，價格又便宜的餐廳要去哪裡找？如果一定要去那種餐廳吃飯會很累，因為這種餐廳很少見，應該也很難找到，甚至說不定永遠都找不到，就算找到了可能也訂不到位子。

但是請不要因為找不到就去別的餐廳，你一樣會不高興。如果要去別家餐廳，你就要放棄幾個條件，不論是價格、味道，還是氛圍。

不論是去餐廳吃飯，還是結婚，請選擇一個主題就好。這樣不管吃飯還是結婚都會開心，知道了吧？

無論走到哪裡，
如果包袱沉重，
過不了多久就會疲累。
結婚又不是幸福的靈丹妙藥，
這個重擔要扛，
那個包袱也要背，
簡直累死人。
其實只要帶一個需要的東西前進就好，
這樣身輕、心輕，
才能走向幸福。

3 夫妻相處，就像放牧

「在這個充滿怨恨的世界上，無情的你啊，只能放下感情，流著淚，拖著身體走。」

大家聽過這首名為〈恨五百年〉（한오백년）的歌嗎？除了這些民謠，流行歌曲中不也經常出現「情」這個詞嗎？這樣看來，「情」這個東西還真可怕。夫妻吵架時不也常說：「就因為那該死的感情，我才跟你在一起。」是的，這次要討論的主題就是「情」。

請大家先聽聽我諮詢過的故事。故事的主角是個善良的女人，她將離婚後無家可歸的女子帶回家照顧，因為覺得對方看起來很可憐又沒地方去，所以就帶回家了。幸好女人的丈夫也對對方的遭遇心生同情，所以就接受了。問題是，在那之後因為每天一起生活，被收留的女子也漸漸和女人的丈夫親近了起來。

丈夫總說，比起妻子，總覺得和這位被收留的女子更合得來，最後便外遇了，甚至鬧到離婚的地步，作為妻子的故事主角也因此崩潰。不僅老公，連受她幫助的女子也背叛了她。

然而，是誰給了那兩個傢伙背叛的機會？是善良的妻子讓他們住在一起，給了這個誘餌啊！這位妻子也表示，現在回頭去看，自己真的是做錯了。

感情這種東西總是毫無預警的來來去去，根本沒有規則，往往一眨眼就消失了，實在很難拿道德標準去衡量。就算你能覺察到感情的消逝，對方還是會離開，你不能抓住想離開的人不放。即便抓住對方哭喊也沒用，離開的人不會再回來。因此，我們都要成為感情管理師。

這位善良的妻子沒能管好這段感情。我剛剛不是指出，她把可憐女子帶回家是個問題嗎？但是更深入檢討，我認為帶她回家只是個契機，並非感情破裂的決定性原因。

如果這個女子平時和先生的感情很好，總是很關心先生，會發生這種事嗎？夫妻倆每天睡在同一個被窩裡，只要關心，就能知道先生現在在想什麼。但是她先生居然還能做到那種地步，這說明她對先生並不感興趣。

這是她漠不關心時放出的箭。因此，我們不可以那麼單純的看待感情這個東西。

那麼，該怎麼做才能成為一流的感情管理師？**我覺得必須學會「放牧」，也就是對方不管去哪裡，都要放他走。**

何謂放牧？就是不在羊圈裡養，而是放出去草原上養。只在羊圈裡養的羊，一旦放出去就會迷路。可是在草原養大的羊，絕對不會迷路，到了晚上就會自己回來。

妳也許會想問，萬一放養後他卻不回家怎麼辦？是的，這是個好問題，我將藉此問題說出我真正想說的話。

放養的重點是，要自己製造妳在對方心中的分量。男人剛結婚時都覺得，自己一輩子只會看一個女人，但是久了就會將目光投向新方向。那麼，妳就得讓先生覺得，無論他把眼光看向哪裡，都不如自己的老婆。男人就算只是路過，眼睛也會盯著身材好的女人，這是沒辦法的事。但無論如何，眼睛轉過去只是暫時的，要讓目光重新回到妳身上，就要想辦法增加自己的分量，而非只是擔心先生的眼睛飄去哪。

朋友不也是如此嗎？我們一旦發現自己沒有更好的朋友，自然就會往原本的朋友身上靠。找餐廳也是，如果沒有更好吃的餐廳，就會回到目前滿意的這家。新找了幾家餐廳看起來都不怎麼樣，自然就會回到原本的餐廳。那麼，我們該怎麼做才能在放牧後讓對方回來呢？

「我沒見過像我們家老爺這麼風度翩翩的。」如果妳常說出這樣感人的話，就算放牧先生一百天，他也不會去別的地方。

擅長自我管理和經營自己的人，也應該試著放鬆一點。不論是女人一個月一次的敏感時期、季節交替的時期、秋天轉換到冬天的時期，或是花開的時期，請把自己的私房錢放進紅包，包給先生，讓他一個人去想去的地方，來個三天兩夜或四天三夜的旅行。這樣一來妳就能好好放鬆，因為女人也需要獨處的時間！

陪先生參加同學聚會時，也別忘了幫先生宣傳，即使聽了許多朋友炫耀另一半，妳也要讓先生在朋友之間有面子。

男人獨自一人去旅行，在海邊吹風，在山上寂寞一人時就會想：「哎呀，原先還覺得老婆在家裡一直嘮叨，日夜折磨我是最大的痛苦，原來那才是幸福。」接著就會回家了，送先生去旅行，其實是讓他願意回家。

我之前把已經用了十四年的車保養得很好，所以先生的朋友們看到都很尊敬我。我聽了這些話後和他們這麼說：

「你們這些傢伙也回家好好照顧老婆吧！十四年的車好好保養，都能像新車一樣乾淨，人也是一樣，請像這樣好好對待自己的老婆吧！」

只要我們維持住自己的分量，並且不斷關心對方，感情就不會消逝，即使要對方走，他們也不會離開。

看似綠油油且充滿生機
卻會瞬間枯萎的，
就是感情。
抓住已經凋零的感情抱怨是沒用的，
如果不想那樣，
就要提前做好管理。

4 父母先幸福，孩子的人生才幸福

「爸爸加油，你還有我們啊！」

這是某間信用卡公司的廣告臺詞，相信大家都聽過吧？看到這則廣告後，許多爸爸都心有感觸的說：「是啊，我得更加努力工作才行！」但是也有人開玩笑說：「『爸爸加油』這句話其實是要爸爸賺錢的意思。」我認為這是正確的，要爸爸好好加油，不就是要他提起勁來多賺點錢嗎？

養過孩子的人都知道，只要孩子們跳著舞、叫著「爸爸」，爸爸們看了都會心情很好，並且滿足的認為這就是幸福。雖然這樣的情境看似無可挑剔，實則會造成不少問題。

爸爸們聽到加油後通常心裡都會想：「不管我有多累，都要努力工作，好好照顧孩子，讓孩子將來不需要像我一樣辛苦。」到底是誰說父母應該照顧孩子到這種地步的？我認為這實在有些過頭了。

什麼補習班、課外輔導，幾年前還開始流行低齡留學，就是因為這樣才會出現候鳥父親[13]（기러기아빠）。你也許會質疑：「難道梁奶奶是希望我們去勸勸身邊想低齡留學的人嗎？」候鳥爸爸看似容易，卻不是人能做的事。爸爸在外面辛苦工作回到家，當然希望有人來迎接啊！然而，明明有妻兒，卻只能一個人回到漆黑冰冷的房子裡，這不是人可以做到的。

爸爸們雖然看似堅強，其實也有脆弱的時候，所以每天都需要充電才能活下去。晚上回到家看著妻子和孩子的臉，重新獲得力量，才能用那股力量繼續工作，如果得不到那股力量，能量就會全部耗盡。

前段日子不是發生了候鳥爸爸的自殺事件嗎？即使不自殺，據說分隔兩地的夫妻雙方都容易出軌，尤其是先生。但這又怎麼能怪先生孤獨呢？他們又不是修行的僧侶。

以上是極端的例子，並不是每個低齡留學的家庭都會這樣。沒錯，如果每個早早將孩子送出國的家庭都如此，那就不會有人要送孩子出去了。那麼，送小孩出國也沒那麼嚴重吧？不，請大家再深思熟慮一下。

當十個人一起繞操場跑二十圈，其中一個人體力不支，只跑了十一圈就暈倒了。剩下的九個人雖然跑完了，但是他們不累嗎？他們因為體力好，所以能跑完二十圈，但是他們也因此喘不過氣、汗流浹背。大家懂我的意思嗎？

把妻兒送到國外，獨自在國內努力賺錢的先生也是如此喘不過氣，在國外獨自照顧孩子的妻子也汗流浹背。這樣的狀態不是一天、兩天，而是好幾年都得如此辛苦，這樣還能幸福嗎？不可能幸福的。

13 候鳥爸爸源自於韓國，是指在本國工作、用以供養妻子和兒女留在英語世界國家追尋更好教育的父親，家庭若需團聚，便需要像候鳥那樣遷移才能做到。

「只要孩子們能成功，我們沒有關係。」

肯定會有人這麼說，乍聽之下似乎很能忍耐，但這卻是非常愚蠢的想法。父母不幸福，孩子怎麼可能幸福？父母總是很疲倦，孩子又怎麼可能笑得出來？再加上和爸爸分開的孩子，也可能出現情緒上的問題，這樣的問題一旦出現，很可能會維持一輩子。

請你好好想想，為什麼要那麼拚命教育自己的孩子。外文水準也好，工作也好，歸根究柢都是為了孩子的幸福。

有個年輕人小時候移民到美國，二十五歲從法學院畢業，我是在對方短暫回韓國做志工時認識他的。這位年輕人因為反對孩子小時候就和爸爸分開，所以堅決無法認同低齡留學。

他在爸爸的蔬菜店裡幫忙，所以學到許多。雖然大家都羨慕他從名校畢業，但是他覺得自己從開蔬菜店的爸爸那裡，學到了更多從未收穫的人生智慧，這是成長過程中不能錯過的時期。我覺得那是人生中非常重要的體驗，有那種體驗和沒有那種體驗的人生大不相同，那絕對比上美國名校更有價值，因此我在心中為那位青年的想法鼓掌。

稍微換個想法去看，人生只有一次，卻把所有的精力都放到子女身上，只為子女而活，這稱得上是好日子嗎？我們有許多方法可以讓自己活得更有價值，難道一定要把全部的精力放在孩子身上？我不認同。

我在離婚後也為了兩個女兒的教育而辛苦，但是我沒有把全部精力都放在她們身上，只是盡了做父母的心力而已。如果要全心投入到孩子身上，其他如為死刑犯諮詢和做志工，這些我人生中珍視的事，就會連想都沒辦法想，因為我不會有做那些事的時間，就連多賺的一分錢都得用在送孩子出國留學這件事上。但是我的兩個女兒即使沒出國，也努力過好自己的人生。有一點是肯定的，如果我當時選擇全身投入到孩子身上，就不會成為現在這個幸福的老奶奶了。

進行諮詢時，偶爾也有機會遇到富裕的人，和他們相處讓我發現，並不是有了錢幸福就會隨之增加。若小時候應建立的情感基礎匱乏，之後即使錢再多也難以填補，我諮詢過的富人中，有不少人因此罹患了憂鬱症。

患有憂鬱症，再有錢又能如何？當然，錢太少很難幸福，但是我想大家應該知道我想表達的意思。

如果父母很有錢，把所有的好東西都給孩子，並且送孩子去留學就是幸福的捷徑，那怎麼還會出現像朴漢相這樣十惡不赦的傢伙？他被父母全心全意的養大，為什麼要害死自己的父母？

父母幸福，孩子的人生才會幸福，所以我也努力的讓孩子看到自己幸福生活的樣子，我認為這是比低齡留學更好的教養方法。如果能聽到孩子們說：「我的父母真不錯！」這樣就行了，你就是世界上最成功的父母了。

如果你真的希望孩子幸福，
那就給他們幸福，
而不是給存摺裡的餘額。
看見父母幸福，
孩子才會幸福。
所以我們應該思考的是，
如何讓孩子看見自己幸福生活的樣子。

5 別指望婆家的菠菜好吃

「菠菜？看著就噁心。」

在韓國，出嫁的人應該都聽過這句話，因為「菠菜」的發音和「婆家」相似，所以這種讓人聯想到「婆家」的蔬菜，非常不受媳婦喜愛。

不只這個有趣、能輕鬆帶過的諧音梗，相信無論哪個女人，嫁人後一定都發生過許多故事，如果將這些悲傷的故事用井水來比喻，那麼這口井將能供應所有韓國人飲用。

其實這個章節要說的不只女人需要聽，男人也得聽聽。男人們就只會說大話，他們也該聽聽老婆內心深處的想法。所以請大家好好讀一下，有先生的女性讀者，在晚上先生回家後，一定要握住他的手好好說一說。

有些媳婦因為和公公、小叔或小姑一起住而吃盡苦頭，然而在婆家生活中的「大魔王」仍是婆婆。我們就痛痛快快的說說婆婆的壞話吧！婆婆的不是可不少，就算關起門來說個十天半個月，也還是會有許多說不完的壞話可以被列舉。

先告訴大家，我只有女婿，沒有兒媳婦，所以如果我罵婆婆，有些已經當婆婆的讀者也許會質疑：「那是梁奶奶沒兒媳婦吧，當婆婆也不容易啊！」但是無論如何，我該說的話還是要說。如果要當過婆婆才能罵婆婆，難道我們得當過總統才能罵總統嗎？連我一提到婆家生活都覺得不舒服，那麼年輕人心裡想必更難受。

我曾對成為婆婆的朋友嘮叨過幾句：「好好做婆婆吧，妳說以前做媳婦時也被欺負了，難道還要這樣對妳的兒媳婦嗎？」

女人「出嫁」到先生家，成為先生的家人，本來就不是一件容易的事。我們移植樹木時也是如此。樹苗很快就能適應新的土地，但是越上年紀的樹，適應的時間就越久。嫁人也是差不多的道理。

三十多年來生活在同一片土地上，一夜之間到不同氣候的土地，那該多累啊！光是這一點就很難適應了，婆家還說：「妳嫁到這個家，從現在開始就要遵守我們家的規矩。」樹都要三年才能適應新土地，何況人呢？在原土地上生活的三十年時光，不是說脫就能脫掉的衣服。

婆婆們應該等兒媳婦適應，如果媳婦很難適應，也應該挖點媳婦家的土來幫助她適應啊！

比如煎煎餅，有些人沒特意學習就能做得很好，有些人卻怎麼學也學不會。如果媳婦沒有煎煎餅的天賦，婆婆其實自己做就可以了。如果因為這件事就罵媳婦：「妳嫁過來都多久了，在娘家怎麼什麼都沒學會？」只會讓雙方都不開心。煎煎餅又不是什麼重要的事，做不好又如何。難道媳婦擅長的婆婆就都會嗎？當然不是！現在的年輕人多聰明，懂得也多。婆婆煎餅做的比媳婦好，所以婆婆來做，媳婦用她擅長的東西為家裡做出貢獻，那該多好！我的意思就是，彼此都有優點和缺點，所以應該透過彼此的長處互相幫助。

偶爾我的朋友們也會說媳婦的壞話，嫌她們打掃和做菜的手藝不好，只會一直炫耀兒子，說兒子這麼帥，怎麼和這樣的兒媳結婚。我為了讓她們不要這麼說，所以說了以下這段話：

「朋友啊，怎麼就只有妳兒子好？妳媳婦也是她家養了幾十年的人，他們把精心製作的作品送到你們家，妳應該想一想如何好好對待這幅作品，而不是計較短處，或一直炫耀兒子，否則兒子會被寵壞的。」

我和我的親家們也大膽的說道：

「我女兒有許多不足之處，連我自己都能看見，更不用說親家了。但還是請親家放過她吧！女婿也有讓我不滿意的地方，但我還是原諒了女婿。」

這句話我覺得很不錯，大家看準機會也試著說說看吧！效果會很明顯的。

很會炫耀的人當中還有一種人。我曾說過想當保母或長工，就得登上拳擊擂臺，但是夫妻在比賽時，常常會有裁判突然跑上擂臺的情況。雖然在實際的拳擊比賽中不會發生那種事，但在婚姻比賽中卻很常發生。拳擊裁判都是在場邊觀看，只在選手尋求幫助時上場說幾句話，所以想在賽場當裁判必須公正。但是婆婆卻幾乎只站在兒子這一邊，難怪有人因為這樣的婆婆而離婚，還不只一、兩個。

世界上什麼樣的婆婆都有，嚴重時還有胡亂指責媳婦的婆婆。我聽過一個媳婦訴苦，說她嫁過去不久，公公就去世了，婆婆認為是媳婦帶霉運進門。婆婆家的一位長輩生病，她去照顧了一年左右，婆婆居然認為那位長輩生病也是媳婦的錯。後來家裡只要遇到壞事，婆婆就都怪媳婦，這讓她快被逼瘋了。先生也很沒用，根本幫不上忙。這種母親養出的孩子能有多明智？最後他們還是離婚了。

許多婆婆只為自己的孩子著想，好吃的菜、好衣服、好東西都給兒子，但是面對媳婦就換了副嘴臉，媳婦的手腳都磨破了，卻什麼都不給，只給媳婦吃冷飯。

人就是如此，只要是血親，即使有衝突也會忍著，就算大吵一架，過一陣子仍會笑著面對彼此，這不就是親人嗎？但是對外人不會那樣，即使只鬧一次彆扭，也可能永遠說再見。這都是因為婆婆不夠機靈，要是對媳婦好，買好衣服給媳婦穿，媳婦自然也會買好衣服給兒子，或是對孫子、公公婆婆、小叔和小姑好。

除了上述這些，還有許多令人難過的故事。有些婆婆向媳婦要錢，有些則不斷罵媳婦的娘家，還有婆婆事事都要媳婦去做。過節的時候婆婆打電話給女婿，要他帶女兒回家，等女兒回來後，就要媳婦像奉祀神明一樣伺候小姑。所有事都讓媳婦做，還不讓媳婦回娘家，只要媳婦說要回娘家，就會面露不悅，即使自己的女兒也出嫁了，依舊沒有同理心。我常想，這些人的年歲都長到哪裡去了。這種鬱悶的事不只一、兩件。

如果妳是一個結了婚的女人，讀到這裡，腦海中可能會浮現許多至今為止經歷過的事。傷心的事、委屈的事、不可思議的事，還有荒唐的事。如果妳沒有想起這些事，那就太幸福了，無論是妳遇到了好婆婆，或是因為妳自己很努力。

可是這該如何是好？這已經不是只有一、兩天的問題了。雖然說現在也有媳婦敢跟婆婆大聲說話的家庭，但那也不是什麼好事，況且那種家庭也不多。現在看來，媳婦在婆婆面前仍是弱者。

我希望婆家在對待媳婦時，能像岳父母對待女婿一樣。岳父母都當女婿是客人，即使覺得難相處，還是會以禮相待。為何會當女婿是客人呢？因為女婿關係到女兒的幸福；女婿好，女兒才會好，所以只能對女婿好一點。

同樣的，婆家也該理解到只有媳婦幸福，兒子才會幸福。兒子和因為婆家而痛苦的媳婦一起生活，怎麼可能幸福？

仔細思考後我發現，**婆婆苛待媳婦的理由，可能是因為只想著「關係」**，意思就是她們只想著：「我是婆婆，妳是媳婦，所以妳要按照我說的去做。」雖然婆媳不和的理由百百種，但是我覺得這才是關鍵。

我想表達的是，**請將媳婦視為一個獨立的人**，這樣一來，剛才說的悲傷故事會少很多。其實，我也有話對媳婦們說。

我的二女兒像我，是個坦率的人。她說，某次婆婆盛飯，婆婆幫先生的飯盛得很漂亮，卻把她碗中的飯弄得很不好看，所以她說：「媽，妳為什麼把我的飯盛得這麼難看？請幫我把飯盛得漂亮一點。」雖然親家沒說什麼，但是他們心裡肯定為之一震吧。然而，我們的親家很明智，所以很快就接受了。

我建議媳婦們要像這樣，時不時**笑著發出「請把我當作獨立的人一樣對待」的訊息**。因為心裡憋著氣只會傷胃。如果胃氣壞了婆婆就會改變，那我們還能考慮，但是往往是胃都壞死了，婆婆還是只會說那些讓人心煩的話。

相對的，媳婦也要將婆婆視為獨立的個體，用國外的概念來說就是「人道主義」。用人道主義來說明很貼切吧！媳婦只要回顧一下婆婆的生活，就會發現他們過的窮日子比現在的媳婦多，婆家也更嚴苛。像這樣人性化的去理解，我們也許就能更同理婆婆。

我有幾個年輕的朋友，其中一人的婆婆就喜歡炫耀兒子，因為這樣，這位朋友懷孕時根本不想待在婆家，怕對胎教不好。

她生下孩子後，因為還要工作，便把孩子交由公婆照顧，所以她為了孩子只能每天去婆家。由於天天見面，不免會和婆婆聊到各種話題，聽著婆婆的故事，她才了解公婆如何生活。婆婆自從生了兒子，將整個人生都獻給了兒子，並且放棄自己的工作，為了子女的教育來到首爾，做所有能做的事。

她覺得婆婆很可憐，不知道自己想要什麼，只為了兒子而活，她也因此對婆婆產生了憐憫。她了解婆婆為了兒子不顧吃穿和旅行，過著犧牲奉獻的生活後，就能理解婆婆為何會一直炫耀兒子。

從那開始，她休假時即使老公不在，她也會帶著公婆一起去旅行。上班族的假期多寶貴啊，她居然決定用來陪公婆，因為她覺得公婆年紀也大了，如果活著的時候不能做些想做的，以後會後悔。而婆婆託媳婦的福，去旅行也非常開心。

然而，這意味著她們的感情變得如同母女般親密了嗎？倒也不是。偶爾仍會發生傷感情的事，不可能沒有。但是她**不再將他們視為「公婆」，而是努力將彼此間的衝突理解成是父母一代和自己這一代的問題**，因此少了許多感情上的問題。她漸漸不再「遠遠的」望著公婆，並且轉換了心態。

「客觀且人性的看待公婆，不要試圖改變他們。幾十年如一日的人，是我說了就能變的嗎？我們要接受他們的生活，不要感情用事。」

如何？我的朋友很帥氣吧！你們也做得到。只要客觀的思考，生活就會發生改變。

關於這個主題，想說的故事太多了，所以寫得有點長，我再說完一個觀點就結束。我很喜歡我的女婿們，女婿們也喜歡我，我們關係好，彼此相處當然都舒服。然而，若要我和女婿一起住，心裡還是會有負擔。

我的朋友當中也有和我想法一樣的人，她說女婿總是親切的喊她媽媽，對她很好，但是女婿不在家，只和女兒兩個人在一起時，她覺得更自在。

婆家也是一樣，即使公婆百分百對媳婦好，但是婆家畢竟是婆家，所以媳婦很難自在，**一開始就承認不舒服，反而會好很多**。如果能有這樣的心態，即使不喜歡婆婆，就算仍有許多負擔和不方便，也會比較容易接受。

爬山的時候不也是這樣嗎？心裡想著山很高，便容易覺得累，下定決心要爬到山頂，什麼都不想一步步往上爬，不是感覺更輕鬆嗎？「媳婦希望婆婆像媽媽」是個問題，「婆婆希望媳婦成為女兒」也是個問題。

女婿不可能當我的兒子，他也不會把我當親生母親。這就如同黑色永遠不會變成白色一樣，媳婦不可能成為婆婆的女兒，婆婆也不會成為媳婦的母親。

因為那是世間不變的道理，所以必須冷靜下來接受。世道如此，接受才是明智之舉。如果不想接受，不如不要結婚，過單身生活。我們都是一個人來到世界上，所以一個人靜靜生活也不錯。

期待在婆家能過得舒適一點，
就如同希望菠菜有蜂蜜的味道
一樣荒謬。
菠菜有自己的味道，
婆家有其不便之處，
應該盡快接受。
這不是為了婆家，
而是為了妳自己。

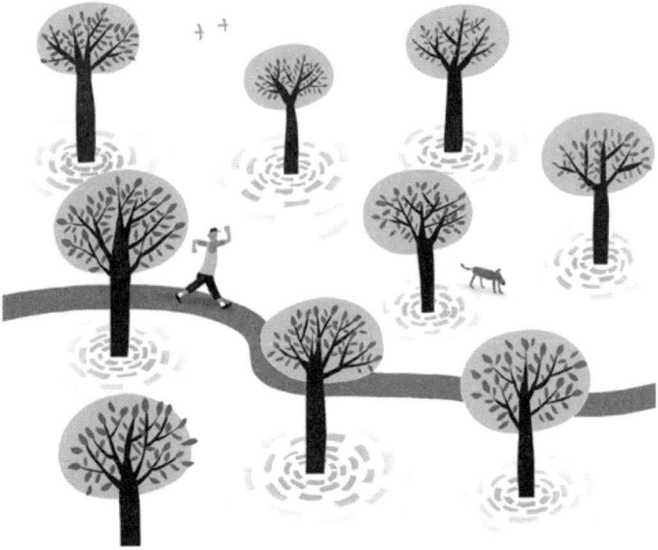

6 離婚的預演是必須的

人人都是夢想著美好婚姻和幸福生活而結婚，如果能如願是很好，但因為這不是下定決心就能實現的，所以才會出現問題。有些婚姻生活一點也不幸福，經營起來十分辛苦。許多女人在結婚的同時也迷失了自己。大家還記得我前面說過，「如果因為婚姻不幸福而活不下去，不如離婚」嗎？

當然，如果可以最好不要離婚，既然上了擂臺，就應該全力以赴。但是婚姻裡也可能有做不到的事，此時就得離婚了。結婚也好，離婚也罷，都要好好做。如果已經因為結婚而受傷，怎麼可以因為離婚而再受一次傷呢？

一般人以為去法院蓋章就完成離婚了，但是真正的離婚卻從那時才開始，後悔可能也會隨之而來。然而，既然離婚就不該後悔。當腦中出現「哎喲，那時候不離婚就好了，再忍忍就好了」的想法時，也為時已晚了。

那該怎麼做到不後悔的離婚？就是事先「預演」。我們不要只顧著假設，要充分做好預演和準備，這樣才不會後悔。

這可不是隨便說說，是因為我做了許多練習才敢分享給大家。大家都知道，我是輔導員，最擅長的領域就是離婚諮詢，我研究這個題目足足十年，從想著要離婚，到把想法付諸實踐，用了整整十年的時間。練了這麼久，哪有可能不成為專家。

請大家仔細聽聽我的練習方法，順便了解我是怎麼練習的。

之所以決定離婚，是**因為我認為自己的婚姻生活沒有改變的可能**。

我和高中時在教會認識的男學生結婚了，但是婚後卻發現和我期待的不一樣，婆家也和我想的不一樣。

嫁過去沒多久，我就想：「我在這個家裡要保護好自己，應該很困難吧！」

我經常一個人想著：「難道我就要這樣活一輩子嗎？還是應該拋棄一切來守護自己的自尊心？」後來我得出結論，人生只有一次，就算什麼都沒有，也要守住我的自尊心，所以決定離婚。

自從決定離婚後，這十年間，我持續進行著預演。想像離婚後，我牽著兩個女兒的手在街上徘徊，又冷又餓。之前關係很好的朋友指責我離婚，孩子們也常常抱怨沒有爸爸。先生事業甚至蒸蒸日上，還和溫順的女人再婚了。朋友們都說他再婚後生活過得很好。我想著上述情況，並問自己：「即使這些變成現實，妳也不會留戀嗎？這樣妳還有信心不後悔離婚？」

其實我一開始很害怕，後悔的感覺也很強烈，然而持續問自己這些問題，成功幫助我濾掉了所有的情緒，只剩下我真正想要的。我想要的就是，儘管離婚後生活會因為經濟問題而困頓，卻會比現在的生活更有價值，更不無力。

別人都以為我先生還算是成功，離婚應該能得到很多精神損失費吧！不是的，因為是我提出離婚，所以拿不到太多錢。不過，因為孩子們還小，他還是會給孩子們的學費和生活費一段時間。離婚對信仰父權體制的先生來說是一種恥辱，如果是因為男人有了別的女人而離婚，那還差不多，但是絕對不能讓女人先提離婚。

我那一輩的男人，無論教育程度如何大都是如此，因此我先生說：「反正我一分錢都不會給，想離婚就離吧。」當然，如果我堅持打官司，可能會得到更多，但是我放棄了。雖然生活很苦，經濟上也很困難，但是只要能離婚就已經足夠，我不想再打官司了。

「真是個愚蠢的老奶奶，怎麼會有人思考了十年最後卻是這樣。」沒錯，可能有人覺得我很蠢，但是多虧了那十年的預演，我離婚之後一次也沒有後悔過，我認為這些都是託了預演的福。

對那些來找我諮詢離婚議題的人，我都會先問他們有沒有進行過充分預演，同時和他們講述自身的經歷。

「關於離婚這件事，我預演了十年。當然，沒必要像我練習那麼久，但是請一定要練習，沒有練習就離婚，一定會留下很多的傷痛和後悔。」

在諮詢的過程中，許多人會改變主意，並表示：「跟妳聊過之後，我發現我只有離婚的想法，但是好像還沒準備好。」聽完我的話之後，多數人都會忍不住回頭思考，如果不進行預演就草率離婚，會吃大虧。

好，我們再整理一下離婚的公式吧！雖然最好不要離婚，但是如果不得不離婚，一定要預演，也就是要**練習到即使離婚後配偶生活順利，自己過得不好，也有信心不後悔為止。**

還有，請大家記住這句話：

「在訓練中的一滴汗，就是在實戰中的一滴血。」

這是部隊長官常對士兵們說的一句話，而這句話恰巧就是離婚公式的核心。**情緒紛亂的離婚、沒有練習的離婚，請大家不要嘗試。**

還記得小時候練習使用筷子的經驗嗎？
儘管現在看起來沒什麼大不了的事，
那時其實學得很累。
就算是小事也要練習才能做好，
離婚關係到幸福，就更不用說了。
不光是離婚，
做其他決定時，也要在腦中充分預演，
那麼將來後悔的事也會減少許多。
預演，能讓你更快且更順利的適應之後會發生的情況。

結語
請你也試著創造自己的人生公式

那是我開諮詢室沒多久後發生的事，成萬為了道賀，也因為很久沒與我聊天，所以親自拜訪了我。大家記得成萬吧？是我之前提過的，曾被判處死刑，時隔十三年後於光復節被特赦釋放的朋友。

成萬說要來的那天，在約定時間已經過了三十分鐘後，還是沒有消息。他是個凡事都準備妥當的人，一般情況下不會失約，我正擔心著，他就打電話來了。

他表示自己剛下班就出發了，但是找不到路，說路況比自己想像中差。聽到這有人情味的笑聲，我就放心了。我告訴他詳細的路線，並在掛電話前這麼對他說：

「不要擔心我，你慢慢來，就算找不到路，熬夜徘徊如何？只要不發生意外，就盡情在這附近的街頭晃晃吧！」

這位朋友聽懂我的話後，就附和了：

「是啊，這裡的道路如此寬敞，在這樣寬闊的路上閒晃好幾天，而不只是一個晚上，有什麼好辛苦的呢？」

據說，他獲釋後曾一度被押赴刑場的噩夢折磨。每次他都捏著自己的大腿，在半夜起來不斷問自己：「我現在不是死刑犯了吧？」

我說成萬的故事不是為了給大家比慘。我不是想告訴大家：「世界上還有許多比你悲慘的人，所以不要抱怨，閉嘴吧！」我說他的故事是希望大家能找找自己還沒意識到的事。

年輕人有時會這樣問我：

「奶奶，人生值得我們活卜去嗎？」

他們可不是隨便問問，而是活著真的很辛苦，所以才會用洩氣的嗓音這麼問。如果有人能自信的說：「值得！」無論是誰我都會想教訓他一頓。誰敢輕易說出世間值得走一遭呢。

年輕人問我這個問題時，我只會拍拍那個人的背說：「是啊，活著真的很累，對吧？」

活著，不容易，讓人想嘆氣和抱怨。無論別人怎麼說，生活的艱難都是無可奈何的事。

但是這並不意味著人生不值得我們活下去。雖然很辛苦，也要努力，抱怨著希望生活好過一點，只會越抱怨越累。

我提出人生公式也是因為這個理由，就是希望讓讀者們辛苦又不容易的人生能稍微好過一些。如果我覺得人生很容易，又何必拿出公式來？

因此我才會請大家收起抱怨，努力思考如何才能讓生活更美好。

我說的這些公式，不要聽完就丟了，請放在身邊時時翻看，這些都是我六十五年人生打磨出來的公式，不會害你，只希望能幫助到各位的生活。

接著，請你也試著創造屬於自己的人生公式，這樣我們各自創造出的人生公式累積在一起，一定能將世界變得越來越值得走過一遭。

二〇〇五年春天，梁順子奶奶

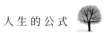

後記
為什麼大家稱梁奶奶為「人生九段」？

我曾經是死刑犯。在全斗煥軍事政權氣勢洶洶的時期，身為美國留學生的我被捲入間諜案，因而成了死刑犯。那時，我認識了梁順子奶奶，自無期徒刑被減刑釋放後，也一直延續著與奶奶的緣分。

在擁有遠大前途的年輕時期，我必須忍受艱苦的日子，這些歲月裡，奶奶在我心中留下了特別的記憶。

我在大法院（韓國的最高法院）被判死刑後，懷著焦急的心情等待行刑。在這時，違反《國家安全法》而入獄的其他人都已經被釋放了。

拘留所裡一起睡覺和運動的學生、在野人士們，因為政治情勢的變化沒有接受審判，只把包含我在內的幾個人繼續監禁。帶著燦爛笑容的「同事們」收拾行李離開後，待在拘留所的我感到非常寂寞。拘留所空蕩蕩的，我的心也很空虛，誰能安慰沉浸在悲傷中的我呢？持續感到心痛與無力的我，因為梁奶奶的一句話，終於找回了動力。

「在被關押的思想犯裡頭，你是最後離開的。就當你是負責把別人都送走、收拾草蓆離開的人吧！」

奶奶的話裡，有著讓人重拾希望的驚人力量，那句讓我重新獲得生活動力的話，不是任何人能輕易說出口的。

梁順子奶奶擁有打破刻板印象的能力。或許是因為心中沒有成見，她總是能以與眾不同的觀察力洞悉他人的偏見，並提出令人驚訝的看法。因此，我稱奶奶為「人生九段」，她為失去生存動力的我，帶來了重生的希望。

——金成萬，一九八五年因留美學生間諜事件被判處死刑，經過十三年又兩個月後出獄

我永遠的明燈

有次在朋友的聚會上，突然來了一位七十多歲的老奶奶和我打招呼，嚇了我一跳。這位老奶奶就是本書的作者梁順子老師，是我一位四十多歲朋友在二十多歲時結交的好朋友。在聚會之後的一小時裡，我們也成了邊喝茶、邊認真逐句寫下書籍原稿的好朋友。

在和老師一起寫書的過程中，我吐露了各種煩惱。每當這時，老師都會拍拍我的肩膀

這麼說：「人生就像在做作業，妳就當每天都是在寫功課吧，雖然沒人喜歡，但終究還是要把它完成。相信這麼想能讓妳比任何人都快速的把這些事情都完成。」

因為工作和育兒用盡力氣的三十多歲階段，多虧了老師充滿智慧的建議，我得到了很大的安慰。老師一直是大家心中的明燈。按照老師的建議，我今天也不只是年歲徒增，而是成功用老師留下的「人生的公式」完成了功課。

——金美蘭（김미란），《成人學習》企劃編輯

國家圖書館出版品預行編目（CIP）資料

人生的公式：人生跟數學一樣，有公式，用了公式就好解題，獲得幸福、愛與婚姻的解答。/ 梁順子著；朴鎔引繪；陳宜慧譯. -- 初版. -- 臺北市：大是文化有限公司, 2024.10
224 面；14.8×21 公分（Biz；469）
譯自：인생 공식：꼬인 인생 풀어주는 인생 9 단의 돌직구

ISBN 978-626-7539-03-3（平裝）

1. CST：成功法　2. CST：生活指導

177.2　　113010618

人生的公式

人生跟數學一樣，有公式，用了公式就好解題，獲得幸福、愛與婚姻的解答。

作　　者／梁順子
插　　畫／朴鎔引
譯　　者／陳宜慧
責任編輯／陳家敏
校對編輯／宋方儀
副 主 編／蕭麗娟
副總編輯／顏惠君
總 編 輯／吳依瑋
發 行 人／徐仲秋
會計部｜主辦會計／許鳳雪、助理／李秀娟
版權部｜經理／郝麗珍、主任／劉宗德
行銷業務部｜業務經理／留婉茹、行銷企劃／黃于晴、專員／馬絮盈、助理／連玉、林祐豐
行銷、業務與網路書店總監／林裕安
總 經 理／陳絜吾

出 版 者／大是文化有限公司
臺北市 100 衡陽路 7 號 8 樓
編輯部電話：（02）23757911
購書相關資訊請洽：（02）23757911　分機 122
24 小時讀者服務傳真：（02）23756999
讀者服務 E-mail：dscsms28@gmail.com
郵政劃撥帳號：19983366　戶名：大是文化有限公司

法律顧問／永然聯合法律事務所
香港發行／豐達出版發行有限公司 Rich Publishing & Distribution Ltd
地址：香港柴灣永泰道 70 號柴灣工業城第 2 期 1805 室
Unit 1805, Ph.2, Chai Wan Ind City, 70 Wing Tai Rd, Chai Wan, Hong Kong
電話：21726513　傳真：21724355
E-mail：cary@subseasy.com.hk

封面設計／謝佳穎　內頁排版／藍天圖物宣字社　印刷／鴻霖傳媒印刷股份有限公司
出版日期／ 2024 年 10 月初版
定　　價／新臺幣 390 元（缺頁或裝訂錯誤的書，請寄回更換）
ISBN／ 978-626-7539-03-3
電子書 ISBN／978-626-7539-12-5（PDF）
978-626-7539-11-8（EPUB）